TEATRO COMPLETO VOLUME 4
A EMPRESA
seguido de
O NOVO SISTEMA

Livros da autora na Coleção **L&PM** POCKET:

Teatro completo volume 1: As aves da noite seguido de *O visitante*

Teatro completo volume 2: O verdugo seguido de *A morte do patriarca*

Teatro completo volume 3: O rato no muro seguido de *Auto da barca de Camiri*

Teatro completo volume 4: A empresa seguido de *O novo sistema*

HILDA HILST

TEATRO COMPLETO VOLUME 4
A EMPRESA
seguido de
O NOVO SISTEMA

Ensaio biobibliográfico de Leusa Araújo
Apresentação de Carlos Eduardo dos Santos Zago

www.lpm.com.br

L&PM POCKET

Coleção **L&PM** POCKET, vol. 1287

Texto de acordo com a nova ortografia.

Primeira edição na Coleção **L&PM** POCKET: março de 2023

Capa: Ivan Pinheiro Machado
Ensaio biobibliográfico: Leusa Araújo
Apresentação: Carlos Eduardo dos Santos Zago
Preparação: Patrícia Yurgel
Revisão: Maurin de Souza

Cip-BRASIL. Catalogação na publicação
Sindicato Nacional dos Editores de Livros, RJ

H549e

Hilst, Hilda, 1930-2004
    A empresa *seguido de* O novo sistema: teatro completo, volume 4 / Hilda Hilst; ensaio biobibliográfico Leusa Araújo; apresentação Carlos Eduardo dos Santos Zago. – Porto Alegre [RS]: L&PM, 2023.
    192 p. ; 18 cm.   (Coleção L&PM POCKET; v. 1287)

ISBN 978-65-5666-084-4

1. Teatro brasileiro. I. Araújo, Leusa. II. Zago, Carlos Eduardo dos Santos. III. Título. IV. Série.

23-82730   CDD: 869.2
                            CDU: 82-2(81)

Meri Gleice Rodrigues de Souza - Bibliotecária - CRB-7/6439

© 2018 © by Daniel Bilenky Mora Fuentes em acordo com MTS agência

Todos os direitos desta edição reservados a L&PM Editores
Rua Comendador Coruja, 314, loja 9 – Floresta – 90.220-180
Porto Alegre – RS – Brasil / Fone: 51.3225.5777

Pedidos & Depto. comercial: vendas@lpm.com.br
Fale conosco: info@lpm.com.br
www.lpm.com.br

Impresso no Brasil
Verão de 2023

Sumário

Hilda Hilst: O pássaro-poesia e a gaiola
por Leusa Araújo 7

Sobre as peças
por Carlos Eduardo dos Santos Zago 25

A empresa 31

O novo sistema 119

Hilda Hilst: O pássaro-poesia e a gaiola

Leusa Araújo*

"Os deuses morrem, mas a divindade é imortal."
Níkos Kazantzákis

Se pudéssemos traçar uma linha divisória para entender a vida e a obra da poeta, dramaturga e escritora Hilda Hilst (1930-2004), uma das mais impressionantes vozes da literatura produzida no século XX, certamente seria em *antes* e *depois* da sua chegada à dramaturgia. O teatro não só prepara a poeta lírica para um salto maior em direção à prosa narrativa como demonstra a disposição de Hilda em se libertar tanto da gaiola da linguagem como das armadilhas do cotidiano. Ou seja, a produção teatral de Hilda coincide com uma nova etapa pessoal: a de dedicação exclusiva à literatura e às questões essenciais do homem perplexo diante do mistério da vida e da morte.

Seu teatro começa a ser composto longe da agitada vida social em São Paulo, onde viveu até os 35 anos. Poeta premiada, conhecida nos meios intelectuais e artísticos, Hilda passou a viver defi-

---

* Escritora e jornalista. Acompanhou de perto a produção de Hilda Hilst desde os anos 1980.

nitivamente na Casa do Sol, em Campinas, construída depois da leitura perturbadora de *Relatório ao Greco*, do escritor Níkos Kazantzákis. Como ele, Hilda acreditou na literatura como via de ascese e de conhecimento da verdade. E que tamanha busca exigia maior interioridade.

Assim, a Casa do Sol será uma espécie de monastério em que tudo foi construído para a disciplina da escritora: nichos de pedra para os livros em quase todos os ambientes e uma arquitetura de cômodos sombrios e de quartos contíguos, que deixavam para o lado de fora a claridade e o calor do interior de São Paulo.

"Foi um começo de bastante solidão", revela Hilda. "Eu tinha uma vida bastante agitada e aqui fiquei numa vida mais concentrada, mais dentro de mim, e fui percebendo também a inutilidade do ser aparência, de várias coisas, enfim, que não tinham mais sentido e, de repente, resolvi começar a escrever exatamente como eu tinha vontade de dizer."

De fato, a dramaturga ocupará quase que inteiramente o lugar da poeta nos primeiros anos na Casa do Sol.

Menina? Que azar!

Hilda Hilst nasceu em 21 de abril de 1930, em Jaú, São Paulo. Quando o pai, Apolônio de

Almeida Prado Hilst, fazendeiro, jornalista e poeta, soube que era uma menina, teria dito: "Que azar". Isolou-se em suas terras e cortou os recursos até então dados à mãe de Hilda, Bedecilda Vaz Cardoso, portuguesa por quem havia se apaixonado no Rio de Janeiro e que, mais tarde, viria ao seu encontro em Jaú. Separam-se em 1932. Bedecilda muda-se com Hilda para Santos junto com seu meio-irmão, Ruy Vaz Cardoso, filho de um casamento anterior. Três anos depois, Apolônio será diagnosticado com esquizofrenia paranoide, o que o condenará a quase uma vida inteira em sanatórios.

Hilda criará uma aura mágica em torno da figura do pai, dizendo em repetidas ocasiões: "Em toda minha vida o que fiz foi procurar meu pai e idealizá-lo".

Em São Paulo, Hilda passa oito anos no internato de freiras marcelinas, onde aprende francês, lê Ovídio em latim e decora dicionários inteiros. Essa menina cheia de perguntas em relação aos dogmas da educação religiosa ressurgirá na personagem América e na irmã H – nas peças *A empresa* e *O rato no muro*. Aos quinze anos, inicia o Clássico no Instituto Mackenzie, em São Paulo e, aos dezoito anos, ingressa no bacharelado em direito na Faculdade de Direito do Largo São Francisco.

Aos dezenove anos, podemos vê-la pendurando poemas ilustrados na Exposição de Poesia Paulista, na Galeria Itapetininga, da rua Barão de Itapetininga, em São Paulo – na companhia de Amelia Martins, do poeta Reynaldo Bairão e do pintor Darcy Penteado.

Apesar da formação tradicional, torna-se uma jovem transgressora – lê Camus, Sartre, Kafka, Kierkegaard. Oswald de Andrade, em 1949, na palestra "Novas dimensões da Poesia", no Museu de Arte Moderna de São Paulo, destaca a modernidade de Hilda: "Quando penso que hoje a poetisa Hilda Hilst está cansada de ler Kafka, Hesse, Rilke e Sartre!".

Em uma de suas primeiras aparições como poeta, num evento que reuniu famosos no Museu de Arte de São Paulo, Hilda chama a atenção da escritora e colunista paulistana Helena Silveira: "Lembro-me como se fosse hoje de uma jovenzinha loira, extremamente bonita, que subiu ao tablado e disse os versos: 'Tenho tanta preguiça pelos filhos que vão nascer!'". São versos do seu primeiro livro, *Presságio*, publicado em 1950, aos vinte anos, que despertou imediata acolhida de Cecília Meireles.

"Hilda girando em boates/Hilda fazendo chacrinha/
Hilda dos outros, não minha..."

Carlos Drummond de Andrade, 1952

Aos 24 anos, engaveta definitivamente o diploma de direito. Então curadora do pai, ganha maior independência financeira. Frequenta ao lado de Paulo Mendes da Rocha, Mário Gruber, Rebolo, Sérgio Milliet e outros o famoso Clube dos Artistas Amigos da Arte, ponto de encontro de intelectuais e artistas – inicialmente na rua 7 de abril e mais tarde no "Clubinho", na *cave* da sede do Instituto dos Arquitetos, na esquina das ruas Bento Freitas e General Jardim.

Na sociedade paulistana dos anos 1950, Hilda é poeta de beleza arrebatadora. Desperta versos amorosos de Drummond, cartas de Vinicius de Moraes. Viaja à Europa, veste roupas do badalado estilista Dener. Dá uma passada nos finais de tarde pela Livraria Jaraguá – onde encontra intelectuais – e, depois, segue para a boate Oásis em "companhias duvidosas". No dia seguinte, seu *vison* é comentado nas colunas sociais.

Em 1961, é escolhida para entregar a Augusto Boal o prêmio Saci de melhor autor com a peça *Revolução na América do Sul*. Segue publicando seus livros de poemas e, em 1962, recebe o prêmio Pen Clube de São Paulo por *Sete cantos do poeta para o anjo*, ilustrado por Wesley Duke Lee, prefaciado por Dora Ferreira da Silva, e que marcaria o início de uma longa parceria com o editor e designer gráfico Massao Ohno.

> "Não cantei cotidianos. Só te cantei a ti/Pássaro-
> -Poesia/E a paisagem-limite: o fosso, o extremo/A
> convulsão do Homem."
>
> *Hilda Hilst*

Curiosamente, aos 35 anos, a socialite resolve fazer um movimento inesperado. É quando se muda para a sede da Fazenda São José, de sua mãe, em Campinas, a fim de acompanhar de perto esta que será parte integrante de sua obra: a Casa do Sol. Em 1966, ano da morte de seu pai, passa a viver definitivamente na Casa na companhia do escultor Dante Casarini – com quem ficaria casada entre 1968 e 1985 – e de muitos amigos que por lá passaram, como os escritores Caio Fernando Abreu, José Luis Mora Fuentes e a artista plástica Olga Bilenky. Rodeada por dezenas de cachorros, lê e escreve diariamente, ampliando sua obra. Lá produz toda a sua dramaturgia – de 1967 a 1969 – e inicia-se na ficção.

Entre 1970 e 1989, além de empreender uma nova reunião da sua poesia (publicada de forma fragmentada por pequenas editoras) e de ganhar o Grande Prêmio da Crítica pelo Conjunto da Obra da Associação Paulista dos Críticos de Arte, lança sete novos títulos de poesia e seis outros de ficção – entre os quais *A obscena senhora D* e *Com os meus olhos de cão e outras novelas* –, primeira reunião da sua prosa por uma editora de alcance nacional, a Brasiliense.

Por mais que Hilda tenha mantido o mito da vida reclusa, durante décadas a Casa do Sol permanece sendo um precioso local de encontro de artistas, de físicos e de inúmeros amigos queridos. Porém, o centro de tudo era a produção de Hilda, quase sempre abduzida pelo assunto de sua obra no momento. Adorava ouvir histórias que pudessem enriquecer suas impressões – assim como sobre a vida de santos, mártires e revolucionários que tanto marcaram seu teatro. Escrever era um mergulho profundo e Hilda convidava todos os seus amigos a se afogarem com ela.

No início dos anos 1990, ao completar mais de quarenta anos de trabalho, faz um balanço desanimador sobre a recepção de sua obra e resolve abandonar o que chamou de "literatura séria" para inaugurar a fase "bandalheira" – como se referia à iniciativa da "tetralogia obscena": *O caderno rosa de Lori Lamby* (1990), *Contos d'escárnio/Textos grotescos* (1990), *Cartas de um sedutor* (1991) e *Bufólicas* (1992). Entre 1992 e 1995, passou a escrever crônicas semanais para o

Correio Popular, de Campinas. Em 1994, recebe o Jabuti por *Rútilo nada*. Mais tarde, o prêmio Moinho Santista pelo conjunto da produção poética, em 2002.

Hilda morreu na madrugada de 4 de fevereiro de 2004, em Campinas, depois de complicações em uma cirurgia no fêmur devido a insuficiência cardíaca e pulmonar. Hoje sua obra é lida e adaptada para os palcos, traduzida em vários países como Itália, França, Portugal, Alemanha, Estados Unidos, Canadá, Argentina, Dinamarca e Japão. E pesquisadores de todo o país se debruçam sobre seu arquivo pessoal, depositado no Centro de Documentação Cultural Alexandre Eulálio, na Unicamp.

Mas ainda há muito o que dizer da influência da dramaturgia hilstiana sobre sua produção posterior – tanto na poesia quanto na prosa ficcional e nas crônicas. Pois nos textos teatrais é apregoada sua visão da linguagem como ato político "de não pactuação com o que nos circunda e o que tenta nos enredar com seu embuste, a sua mentira ardilosamente sedutora e bem armada", como afirmou em entrevista. Em uma palavra, o teatro hilstiano quer ver cair a máscara do Homem.

O TEATRO EM REGIME DE URGÊNCIA

As oito peças que compõem o teatro hilstiano foram escritas em regime de urgência nos anos de 1967-1969. Hilda idealizou em seu teatro o alcance de um público mais amplo para a expressão de suas ideias e principalmente como plataforma para uma verdadeira distopia.

O momento é sombrio: regimes totalitários e ditatoriais avançam na contramão do espírito revolucionário da década. Já em 1963, Hilda participa de um ato de protesto contra a prisão de escritores e cineastas pela polícia salazarista, em Portugal; em seguida, aterroriza-se com os efeitos da Guerra do Vietnã e vê a ditadura recrudescer no Brasil, mostrando cada vez mais suas garras (como em *O novo sistema*). Abrigou em sua casa o amigo e renomado físico brasileiro Mário Schenberg, que, mesmo depois de preso em 1965, continuou a ser perseguido até que seus direitos fossem cassados em 1969.

Hilda tinha clareza da gravidade do período e, assim como outros autores, utilizou-se de alegorias para dar seu recado nos palcos, seguindo o que disse o crítico Décio de Almeida Prado: "Um código suficientemente obscuro para escapar à censura e suficientemente claro para poder ser decifrado sem dificuldades". Do contrário, poderia ter as unhas arrancadas ou ser torturada, como Hilda declarou em entrevista sobre o tema, anos mais tarde.

O UNICÓRNIO DA DRAMATURGIA

À medida que escrevia, Hilda enviava os originais a Alfredo Mesquita – diretor da Escola de Arte Dramática (EAD) da Universidade de São Paulo, espaço para um novo teatro brasileiro. Por intermédio de Mesquita, tanto *O rato no muro* quanto *O visitante* serão encenadas pelos alunos, em 1968, sob a direção de Terezinha Aguiar. No ano seguinte, *O rato no muro* será levada ao Festival de Teatro Universitário na Colômbia.

O maior entusiasta da dramaturgia hilstiana, entretanto, foi o crítico e filósofo alemão Anatol Rosenfeld – um militante de esquerda que, a despeito de sua prodigiosa formação acadêmica na Europa, viveu de forma quase monástica em São Paulo, num pequeno apartamento cercado por livros, e oferecendo cursos livres (na própria EAD), sem aceitar sequer a reparação oferecida pela Alemanha pós-guerra aos judeus refugiados.

É dele o célebre artigo "O teatro de Hilda Hilst", publicado em 1969 pelo *O Estado de S. Paulo*, em que aponta a poeta como verdadeiro acontecimento na dramaturgia brasileira. Reconhece no seu estilo proximidade com os expressionistas alemães, por seus personagens típicos e sua tendência à abstração. Mais tarde irá resumir: "A autora é uma espécie de unicórnio dentro da dramaturgia brasileira". Hilda estabelecerá uma correspondência com o crítico e, graças à insistência dele, inicia-se na prosa ficcional – o que se dará já em 1970, com a publicação de *Fluxo-Floema* – em que uma das histórias terá justamente como título "O unicórnio".

> "Todo aquele que se pergunta em profundidade é um ser religioso. Tentei fazer isso em todas as minhas peças."
>
> *Hilda Hilst*

Seguindo a ordem da publicação que chega ao leitor pela L&PM Editores, *As aves da noite*, escrita em 1968, é baseada na história real do padre franciscano Maximilian Kolbe, morto em 1941, no campo nazista de Auschwitz. Ele se apresentou voluntariamente para ocupar o lugar de um judeu pai de família sorteado para morrer no chamado "porão da fome" em represália à fuga de um prisioneiro. "De início quis fazer dessa peça uma advertência", escreve Hilda em carta a Anatol Rosenfeld, referindo-se aos sinais do surgimento do neonazismo na Alemanha. "É claro que não surgirá necessariamente um novo Hitler [...], mas acredito no espírito revanchista, e o neonazismo é mascarado, mas para mim será sempre o espírito nazista." No porão da fome, a autora coloca em conflito os prisioneiros – o padre, o poeta, o estudante, o joalheiro –, visitados pelo carcereiro, pela mulher que limpa os fornos e por Hans, o ajudante da SS. "É justamente nas situações extremas (morte, amor) que a poesia se faz", explica Hilda. O processo de beatificação do padre Maximilian Kolbe, iniciado em 1948, resultará na canonização em 1982, ano em que a peça estava sendo encenada no Rio de Janeiro, sob a direção de Carlos Murtinho. Mesmo avessa a viagens, Hilda acompanhou durante dois meses os ensaios.

Sua peça mais poética, *O visitante* (1968), gira em torno do conflito entre Ana e Maria – mãe e filha. Ana, encantadora e meiga, descobre estar grávida. Mas a filha, estéril e parecendo mais velha, levanta suspeitas sobre a paternidade, já que seu marido, genro de Ana, é o único homem da casa. A chegada do visitante, o Corcunda, provoca uma distensão sem, no entanto, apagar o conflito entre, de um lado, o apelo da vida, do sexo e do amor e, do outro, a aspereza de um mundo sem prazer. Num cenário entre o medieval e o nazareno – como propõe a autora –, segue um texto com forte erotismo, ponto de partida de "Matamoros", prosa ficcional que será publicada doze anos mais tarde como parte do livro *Tu não te moves de ti*.

O verdugo foi escrito em 1969 e, no mesmo ano, recebeu o prêmio Anchieta – escolhido pelo júri composto por Antonio Abujamra, Gianni Ratto e Ivo Zanini. Estreou em 1972, na Universidade Estadual de Londrina, sob a direção de Nitis Jacon e, em 1973, foi montado pelo diretor Rofran Fernandes, que introduziu acréscimos ao texto original e deu ao espetáculo nova concepção cênica. Conta a história do carrasco que se recusa a matar o Homem, um agitador inocente, condenado pelos Juízes e amado por seu povo. Temendo reações contrárias, os Juízes tentam – em vão – subornar o verdugo para que este realize a tarefa o mais rápido possível. Apenas o jovem filho entende a recusa do pai. A mulher, ao contrário, aceita a oferta em dinheiro e toma o lugar do marido ao pé do patíbulo, com a concordância da filha e do genro. No final, o verdugo reaparece, desmascara a mulher e conta ao povo o que se passara após sua decisão. O povo reage violentamente matando a pauladas o carrasco e o Homem. O filho sobrevive e foge com os Homens-coiotes, símbolos de resistência. O texto revela a identificação de Hilda com o escritor sueco e prêmio Nobel de 1951, Pär Lagerkvist, autor de *Barrabás* e do conto "O verdugo" (1933), um libelo contra as ditaduras europeias de então. No drama sueco, o carrasco se revolta diante do Criador, questionando-o por tolerar uma profissão em que se vive "em meio ao sangue e ao terror". Em 1970, Hilda Hilst anunciará em seu conto "O unicórnio": "Eu gostaria de escrever como o Pär Lagerkvist".

Em *A morte do patriarca* (1969) podemos reconhecer o humor ácido e o tom de escárnio de Hilda. Um Demônio com "rabo elegante" e de modos finos discute os dogmas da religião e o destino humano com Anjos, o Cardeal e o Monsenhor, ante a visão dos bustos de Marx, Mao, Lênin e Ulisses, de uma enorme estátua de Cristo e da tentativa do Monsenhor de colocar asas na escultura de um pássaro. O Demônio seduzirá o Cardeal a tomar o lugar do Papa; posteriormente, o próprio Papa será morto pelo povo. Em entrevista dos anos 1990, Hilda dirá que, ao contrário do que imaginava, nunca houve período em que o homem teria visto supridas suas necessidades básicas, como comer e fazer sexo. "Os contemporâneos não prepararam o caminho do homem para a ociosidade" – etapa necessária, segundo ela, para que este "passe a pensar" e ganhe a perdida "vitalidade álmica".

O ambiente do colégio religioso, recorrente na obra da autora, aparece em *O rato no muro* (1967) ainda mais estreito. Tudo se passa numa capela, onde a Superiora está cercada por nove irmãs, identificadas pelas letras de A a I. Ajoelhadas e ao lado de cada uma delas, o "chicote de três cordas". Cada religiosa expressa visões diferentes a partir de pequenos abalos ao austero cotidiano do claustro. Irmã H (alter ego da autora) é a mais questionadora e lúcida. Tenta, em vão, mostrar às outras a necessidade de libertação – representada pelo desejo de ser o rato, único capaz de ultrapassar os limites do muro da opressão e do pensamento único. Em "O unicórnio", Hilda voltará ao tema, rememorando sua chegada ao colégio de freiras, em 1938, e os diálogos com irmãs e superioras.

Outro texto baseado em fatos reais é *Auto da barca de Camiri* (1968). Em julgamento encontramos o revolucionário argentino Ernesto Che Guevara, morto em Camiri, na Bolívia – ainda que seu nome não seja mencionado e que sua figura, na peça, seja confundida com a de Cristo. Sob a tensão permanente dos ruídos de metralhadora soando do lado de fora e com o auxílio do cheiro dos populares que desagradam os julgadores, Hilda introduz elementos grotescos e inovadores. A severidade da Lei é representada pelos juízes (mostrados de ceroulas antes de vestirem as togas com abundantes rendas nos decotes e mangas). Há também o Prelado e o Agente. A condenação já está decidida, a despeito do depoimento do Trapezista e do Passarinheiro, que, assim como os demais humildes, serão executados pelas metralhadoras. Um dado importante para o entendimento da obra hilstiana é a menção dos dois sentidos da palavra "escatologia" – tanto como doutrina do futuro quanto de excremento: "Sobre nossas cabeças enfim o que os homens tanto desejam: a matéria! [...] como um novo céu, a merda!". Em 2017, foi apresentada no Festival Latino-Americano de Teatro da Bahia, em Salvador, pela Universidade Livre do Teatro de Vila Velha.

A empresa (inicialmente *A possessa*) foi o seu texto de estreia na dramaturgia, em 1967. Uma crítica ao trabalho alienado, em que se busca mais a eficiência do que a criatividade. América é uma adolescente questionadora que se rebela contra a tradição representada pelo colégio religioso – e terá de prestar contas para o Monsenhor e o Superintendente. Esse inconformismo é medido por certos "termômetros psíquicos"

– no dizer de Anatol Rosenfeld, ou "robôs eletrônicos" (os personagens Eta e Dzveta) criados pela própria América e, depois, utilizados pela Instituição para conter as "asas do espírito" e a imaginação. Ou seja, os dirigentes do colégio/empresa impõem às Postulantes e a América um trabalho alienante, o que desencadeia a morte da protagonista.

O novo sistema, última peça escrita em 1968, volta ao tema da privação da liberdade e da criatividade por regimes totalitários. O personagem central do Menino, prodígio em Física, não se conformará com a execução dos dissidentes em praça pública nem com a opressão – desta vez exercida pela Ciência – à evolução espiritual do indivíduo. Assim como em *A empresa*, é evidente a afinidade com a literatura distópica de George Orwell e Aldous Huxley.

Foi com essa visão do homem angustiado – ora vítima, ora algoz, mas sempre preso às engrenagens de um sistema que o escraviza e o aliena – que Hilda construiu seu teatro. Mas como romper a dominação do homem pelo homem? A resposta em sua dramaturgia ecoará para toda a obra posterior: a busca do homem amoroso, generoso e pleno de bondade. Uma busca heroica e místico-religiosa, espécie de nostalgia da santidade, por isso as figuras de Che Guevara morto, do mártir Maximilian Kolbe e do próprio Cristo tantas vezes presente ou evocado.

Seus personagens "são homens diante de homens numa situação limite", em celas, porões, colégios religiosos, ao pé do patíbulo ou mesmo na praça onde amarram-se prisioneiros aos postes. Eles surgem cobertos pelas máscaras sociais que Hilda teimará em arrancar: o juiz, o carcereiro, o monsenhor, o papa, a madre superiora – verdadeiros inquisidores. Em contrapartida, o poeta, o estudante, o menino, a irmã H, o trapezista e tantas outras criaturas dotadas de almas e tolhidas – como pássaros em gaiolas – do seu verdadeiro voo.

Sobre as peças

*Carlos Eduardo dos Santos Zago**

Ao se deparar com *A empresa*, ou *A possessa*, de 1967, e com *O novo sistema* (1968), o leitor entrará em contato com o universo ficcional e alegórico da dramaturgia de Hilda Hilst. Ou seja: terá que enfrentar textos em que inúmeras referências, vindas de diversas áreas – como religião, filosofia, física, teatro e literatura –, juntam-se para construir imagens que advertem o público sobre o risco que a humanidade corre ao possibilitar a existência de sociedades totalitárias, nas quais livre pensamento, a subjetividade, a arte e as inteligências individuais são aniquilados.

A peça de 1967 mistura realidade e imaginação de sua jovem protagonista, América. Sendo assim, três planos cênicos intercalam-se e associam júri, laboratório científico, colégio e igreja. Além disso, *A empresa* parece encenar a passagem do pensamento utópico para a concretização de um universo distópico. Desse modo, a parábola inventada e narrada pela jovem, em que um herói revolucionário é posto no centro

---

* Carlos Eduardo dos Santos Zago é doutor em Literatura e Vida Social pela Unesp.

das discussões como modelo a ser alcançado, é contraposta às histórias de santos e mártires contadas pela Superintendente, cuja intenção é repor modelos a serem repetidos. Da mesma maneira, os seres Eta e Dzeta, inventados pela personagem criativa e questionadora, fogem aos comportamentos predeterminados e são recontados pelo Monsenhor, tornando-se máquinas que sobrevivem de luz.

A terrível narrativa, que pertencia ao plano da imaginação, toma a peça, e a protagonista passa a ser cooptada pelo sistema clerical, que nega sua inteligência criativa, marginalizando-a. É aqui que seu nome sugere uma leitura possível, lembrando as ditaduras que a América Latina enfrentava no decorrer dos anos 1960 e o primeiro instrumento ideológico utilizado para sua dominação, o cristianismo. Com isso o próprio espaço é modificado, já que seus traços científicos, educacionais e religiosos se igualarão ao modelo empresarial, ao mundo administrado dos negócios e da vigilância total, levando os sujeitos mais questionadores à morte.

Contrapondo-se ao sistema aniquilador, autoritário e fechado, emerge a linguagem de Hilda Hilst, já que a peça é construída negando-se como representação realista e assumindo sua teatralidade, o que pode ser percebido pelas trocas de figurinos, representantes das modificações comportamentais das personagens; pela confusão temporal, em que elementos medievais – como a figura do Inquisidor – são misturados aos laboratórios científicos e suas tecnologias modernas; e pelas encenações realizadas pela protagonista ao ilustrar suas narrativas. Ao abrir suas estruturas composicionais, portanto, o texto se faz didático, forçando o público a uma leitura interpretativa, capaz de voltar às cenas em busca dos sentidos sugeridos, o que pode ser resumido na passagem a seguir:

> SUPERINTENDENTE: Porque suas palavras não têm sentido algum.
> AMÉRICA: Todas juntas formam uma parábola.

O mesmo universo é apresentado em *O novo sistema*, cujo motivo dramático é posto na situação-limite em que a ação é estruturada: a passagem para um sistema totalitário, regido pelas leis da física e concentrado na figura do Escudeiro-Mor, semelhantemente a outras distopias ficcionais, como *1984* de George Orwell.

Para que o novo sistema se instaure por completo, é necessária a cooptação dos sujeitos. A educação passa a ser o principal instrumento de alienação e se faz presente em todas as ações, desde exposições públicas de corpos torturados por falta de adequação às novas estruturas, até aulas sobre física em praça pública. Quanto à metodologia, opta-se por modelos autoritários, que cessam as possibilidades de reflexão, interpretação e autocrítica por parte dos jovens estudantes, estimulados apenas a repetir conceitos prontos, a fim de se obter a total integração à racionalidade técnica e à linguagem puramente objetiva.

Há, portanto, uma linguagem a ser consolidada pelo novo sistema, construída por frases tautológicas, esvaziadas e clichês. Sua intenção é apagar a memória coletiva e individual; empregar nova nomenclatura para as posições sociais, como no caso dos Escudeiros; e, como reforço ideológico, adaptar discursos religiosos e políticos e conceitos da física moderna.

Em contrapartida, há as ações do Menino, jovem herói da peça, que quebra a linguagem exata ao questionar os métodos, utilizar linguagem metafórica, produzir literatura e fazer uso de diminutivos, em busca da construção de afetos. Sua Mãe segue no mesmo caminho ao perceber as possibilidades de rompimento com a nova ordem. Para isso, luta pela recuperação da memória e pelo afeto, por meio de uma linguagem que lança mão dos diminutivos, de frases irônicas, capazes de construir sentido nas entrelinhas, exigindo atenção do público, e da encenação de narrativas, que conferem à peça um caráter metateatral e à personagem a possibilidade de recontar a história por via mais subjetiva.

Parece haver, com isso, uma dialética entre forma e conteúdo, revelada por meio da educação, já que como temática a educação serve à alienação dos sujeitos. Entretanto, Hilda Hilst anula a pura objetividade da linguagem, por meio de uma forma didática que exige concentração ativa do público/leitor. Desse modo, a autora quebra a rígida estrutura da linguagem do sistema, já que sua dramaturgia se mostra como construção literária e trechos da física são readaptados, tornando-se diálogos teatrais e poesia, implodindo a pura objetividade da linguagem científica.

Por fim, o caráter alegórico de *O novo sistema* se dá em três níveis: o do próprio sistema, por meio dos postulados físicos que servem como reforço ideológico; o das artimanhas de algumas personagens, que utilizam narrativas e parábolas como advertência, como é o caso da Mãe; e o da própria peça, que pode ser vista como a alegoria dos vários poderes modernos totalitários e de exceção.

A EMPRESA
(A POSSESSA)
Estória de austeridade e exceção
(1967)

Personagens

América: Mulher jovem. Personalidade muito acentuada.

Primeira Postulante (*transforma-se na Primeira Cooperadora-chefe*)

Segunda Postulante (*transforma-se na Segunda Cooperadora-chefe*)

Terceira Postulante

O vigia (*que se transforma em Bispo*): 35 anos.

Monsenhor (*que se transforma em Inquisidor*): 40 anos.

Superintendente: 40 anos. Aspecto bastante rígido, inflexível.

Observações

1) Esta peça não pode ser tratada de forma realista.
2) Está escrita para "palco italiano", onde deveriam existir três planos (A, B, C). No entanto, resolvi incluir esboço de cenário para "palco de arena", porque entendo que dessa forma ela pode ser melhor solucionada e os planos (A, B, C) sofreriam maior fusão, havendo ao mesmo tempo proximidade e distanciamento. Neste caso, a movimentação de América será sempre no centro do palco. Nos dois casos (italiano e de arena), a primeira cena deve ser tratada de modo a dar a impressão de um momento muito recuado no tempo, assim como uma fotografia baça e amarelecida.
3) América é bastante jovem na primeira cena, mas sem características da adolescência. Sua lucidez acentuada e singular firmeza são características de maturidade. Ainda quando é quase delirante no seu "estado de graça", ela inteira é adulta e quase sábia. Personalidade intensa.
4) Eta e Dzeta são ilustrações de uma forma quase perfeita de repressão. América, quando inventa a estória de Eta e Dzeta para o "Monsenhor", quer simplesmente dizer que,

sendo essas ilustrações quase perfeitas, nunca seriam suficientemente poderosas a ponto de sufocar o espírito do homem. No entanto, o "Monsenhor" dá uma sequência extraordinária à estória de América, transformando Eta e Dzeta numa realidade de potencial repressivo ilimitado.

5) A empresa pode ser entendida como um teorema seguido de inúmeros corolários. Um deles seria "Redefinição". Mas Redefinição que mantivesse no homem sua verdadeira extensão metafísica.

6) Entendo que A empresa também é uma peça didática. E de advertência.

Cenário (para palco italiano)

1) Três planos A, B, C.
2) Diferentes alturas, e distribuídos como os vértices de um triângulo equilátero imaginário, sendo que um desses vértices aponta para o público e marca o lugar do plano A. Teremos, à esquerda do público, o plano B, e à direita, o plano C.
3) Devem dar a impressão de que estão soltos no vazio.
4) No plano B, um vitral suspenso, ou qualquer outra característica que evidencie um colégio religioso.
5) No plano C, indicações acentuadas de um laboratório. Neste plano encontra-se uma caixa de metal brilhante, onde estão Eta e Dzeta.
6) No início da peça as roupas têm características de um internato religioso.
7) América não é uma postulante, mas uma aluna desse internato. Portanto sua roupa deve diferir das postulantes.
8) A modificação do vestuário no decorrer da peça deve ser feita de modo a deixar clara a transformação no caráter dos personagens.
9) A única indicação de tempo é na primeira cena. Passado bastante recuado.

Esboço de cenário
para palco de arena

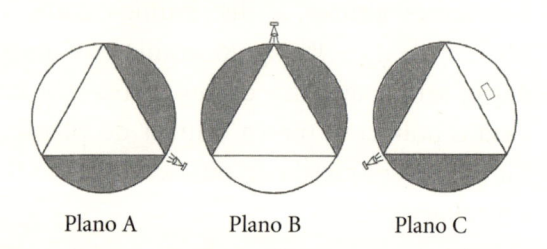

Plano A Plano B Plano C

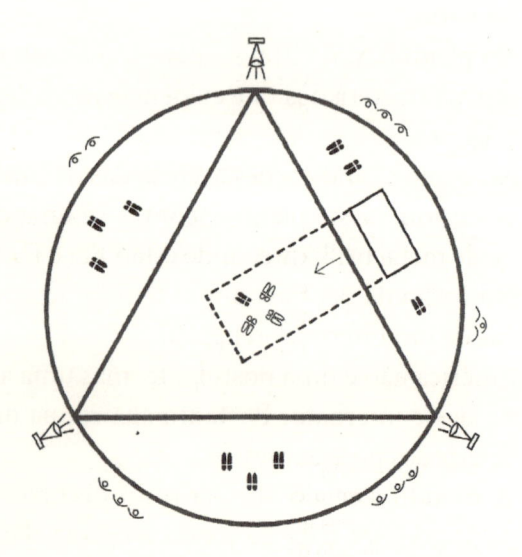

Explicação do cenário
(palco de arena)

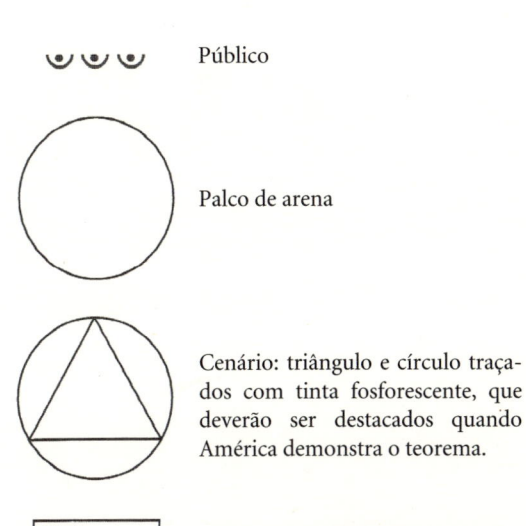

        Público

        Palco de arena

Cenário: triângulo e círculo traçados com tinta fosforescente, que deverão ser destacados quando América demonstra o teorema.

Caixa de metal brilhante (onde estão Eta e Dzeta), no plano C. Na última cena vão para o centro do palco, onde está América.

Luz (iluminação), que vai demarcar os planos A, B e C.

América está sempre no centro do palco, isto é, movimenta-se dentro do triângulo equilátero. As demais personagens movimentam-se sempre no arco definido pelo lado do triângulo e o círculo (laterais do triângulo).

"Pensar Deus, amar Deus, não é mais do que uma certa maneira de pensar o mundo."
(SIMONE WEIL, *Cadernos*)

Primeira Cena

Plano B – Luz, baça.

América (*muito entusiasmada*): Vocês gostaram? (*pausa*) Gostaram da estória?

Primeira Postulante (*em dúvida*): Sabe... é uma estória que...

América (*aborrecida*): Pode falar. Já vi que você não gostou.

Primeira Postulante (*sorrindo, prudente*): Não é bem isso. É que você disse... que depois dele tudo ficou diferente... e...

América (*entusiasmo moderado*): Mas foi assim mesmo. E não é bom? Depois dele, da luta, tudo mudou. Todos teriam todas as coisas que desejassem. Tudo. Não é bom? (*pausa. Postulantes entreolham-se*)

Primeira Postulante: E não vem um tédio?

América: Tédio de quê?

Primeira Postulante: De ter todas essas coisas. Tudo.

América (*firme*): Tédio é não ter. Será que você não entende?

Primeira Postulante: Mas eu gostei demais da estória, América, só que é um pouco complicada.

América: Complicada por quê?

Primeira Postulante: Porque você disse que ele era bom, muito bom, mas ele mandou matar os outros.

América (*seca*): Se um leão te ataca e você tem uma arma, você não mata o leão?

Primeira Postulante: Ah, mas aí é uma questão de vida ou de morte.

América (*contrariada*): Mas nessa estória também.

Segunda Postulante (*adesão*): Lógico.

Terceira Postulante (*francamente persuasiva*): América está certa. O homem primeiro falou, falou. Os outros continuaram fazendo a mesma coisa. Depois o homem mostrou por "a mais b" que estava certo. Os outros continuaram fazendo a mesma coisa. Ora, aturar tudo também seria fraqueza de espírito.

América (*como quem fala consigo mesma. Branda*): Ele se sentiu leve.

Segunda Postulante: Agora ele tinha uma diretriz, não é América?

América (*consigo mesma. Em comoção*): Uma tarefa.

Primeira Postulante (*um pouco febril*): Ele se sentiu assim como se ele fosse um pássaro muito grande, limito contente e vivo, vivo?

Segunda Postulante: Ih... lá vem você. Ele era um homem e América disse que ele era forte como uma pedra. E as pedras nem são pássaros nem voam.

América (*com muita certeza, grave*): Ele era um que tinha mais alegria do que os outros porque tinha uma ideia.

Primeira Postulante: Assim como se a gente se perdesse num deserto e tentasse nalgum lugar e encontrasse água? (*pausa*)

América (*firme*): Não.

Terceira Postulante (*quase infantil*): Como se a gente descobrisse de repente que existe um outro lá dentro da gente?

Segunda Postulante: Ah, isso é gravidez. (*risos das Postulantes. Pausa. Olham para América em silêncio*)

América (*como se afinal descobrisse*): Sim sim, é como se fosse isso.

Segunda Postulante (*desconfiada*): E será que uma ideia pode ser tanto como se fosse um outro dentro da gente?

América (*apaixonada*): Essa ideia sim. Nenhuma é tão grande como essa.

Primeira Postulante: Por quê?

América (*grave*): Porque essa faz do homem, herói.

Segunda Postulante: E você acha que é bom ser herói?

América (*aflita, tentando explicar*): Não é que é bom, meu Deus, será que vocês não entendem? É mais, é...

Primeira Postulante (*interrompendo com bastante interesse*): E você acha que ele também amava os outros como um herói?

América (*apaixonada*): O amor era para ele como uma bola de fogo que ele podia arrancar de dentro de si mesmo e sustentar nas mãos, e se quisesse também, poderia até mesmo desfazer-se dela, tudo isso sem deixar de possuí-la. Vocês me entendem? (*pausa*)

Primeira Postulante (*sem ânimo*): É o que eu digo pra vocês. É complicado.

Terceira Postulante: Ah, eu não acho nada complicado. Eu compreendo.

Primeira Postulante: Mas eu também acho que é bonito ser assim, só que...

América (*interrompendo, voz firme e alta*): Mas não é que é bonito. O homem era todo honesto, limpo. Era amor.

Segunda Postulante: Nossa, eu fico até com febre quando você fala assim. (*põe a mão de América na sua testa*) Olha.

América (*com entusiasmo*): E um dia essa estória que eu contei pode ser a sua estória. Você já imaginou? (*para todas*) Vocês já imaginaram?

As Três Postulantes (*com entusiasmo*): A nossa estória? Nossa? (*sorriem todas umas para as outras*)

Ouve-se um toque de campainha e imediatamente entra a Irmã Superintendente, as mãos enfiadas nas mangas. As Postulantes silenciam e formam fila, enquanto América fica afastada a um canto.

Superintendente: Vamos, as orações. (*tenta fazer o sinal da cruz mas interrompe-se ao ver América. Contrariada*) Por que você não está com a sua classe? (*silêncio*) Outra vez com as postulantes? (*América tenta sair. Tom severo*) Não, não, agora fique, fique aí. (*pausa. Volta-se para as Postulantes e abranda o tom*) Bem. Hoje vamos pedir a Deus uma coisa muito importante. (*com alguma ironia*) Que ele nos ajude a suportar certas presenças neste nosso colégio. (*fechando os olhos. Grave*) Às vezes essas presenças são enviadas pelo Altíssimo com intenção de acrescentar dificuldades à nossa escalada e com isso tornar mais difícil e mais meritório nosso lugar no céu. (*abre os olhos*) Em nome do Pai, do Filho... (*risos contidos das Postulantes, que olham para América. Contrariada*) O que é agora?

Primeira Postulante (*tentando esconder o riso*): Irmã, a senhora dá licença? (*a Superintendente confirma com a cabeça. A Postulante continua sufocando o riso*) Quais são essas presenças? (*risos mais audíveis*)

Superintendente (*muito severa*): Silêncio. Façam todas um pequeno exame de consciência e assim cada uma saberá quanto lhe cabe de culpa. E, acima de tudo, pensem nos mártires e naqueles que se humilharam diante dos seus semelhantes, aqueles, cumpridores de tarefas incompreensíveis aos olhos de todos. (*dirigindo-se a América com aspereza*) Meditem ainda na lição da grande santa de quem sempre lhes falo, e nunca é demais repetir que por amor a Deus (*vai se aproximando de América*) beijava a ferida dos leprosos e (*América abaixa a cabeça e cobre os ouvidos com as mãos. Superintendente exaltada*) Levante a cabeça, América. Já lhe avisei que não fizesse isso.

AMÉRICA: Mas é horrível, beijar a ferida dos... dos outros. Mesmo que fosse a ferida da gente. E por que a senhora conta sempre essa estória? Sempre a mesma. Pras meninas e pras postulantes. Não tem outra menos macabra?

SUPERINTENDENTE (*fechando os olhos, voz baixa*): Cale-se, cale-se.

AMÉRICA (*decidida*): Mas por quê? A estória é até nojenta. E se ela é nojenta por que eu não posso falar? O próprio Monsenhor disse que gostaria de ouvir tudo o que eu pensava.

SUPERINTENDENTE (*categórica*): Não modifique as palavras do Monsenhor. Eu estava lá, lembro-me muito bem do que ele disse. E foi isto: "América, um dia vamos conversar sobre o teu aproveitamento no colégio. Eu gostaria de ouvi-la". Não foi assim? Agora ajoelhe-se. (*luz diminuindo. Pausa*) Em nome do Pai, do Filho, do Espírito...

Escuro total.

Segunda Cena

As mudanças de cena são muito rápidas. Luz intensa sobre o plano A, onde já está América e o Monsenhor. Cadeira negra, de espaldar muito alto para o Monsenhor e um banco para América.

Monsenhor (*tom paternal*): Minha filha, certas condutas podem parecer inofensivas mas não são. Às vezes nem sabemos o mal que provocamos. Você me compreende?

América (*seca*): Sim, Monsenhor.

Monsenhor (*com firmeza*): Bem. (*pausa*) A informação que tive da Irmã Superintendente foi a de que você tem muita influência entre as suas colegas de classe e também entre as postulantes. Isso é bom. Uma vocação de liderança. No entanto, é preciso saber aproveitá-la, conduzir sim, se isso lhe foi dado, mas em direção a um caminho claro. Você me compreende?

América: Sim, Monsenhor.

Monsenhor (*frio*): E tem sido assim a sua conduta?

América (*objetiva*): Monsenhor, eu digo as coisas que penso. Só isso. Se elas são más não sei. Muitas vezes eu nem sei quem sou. Mas penso que não há mal nenhum em perguntar o que não se entende. Eu gosto de fazer perguntas, mas a Irmã Superintendente quase nunca me responde e sempre se aborrece comigo. Assim é que começam as coisas. Com as perguntas.

Monsenhor (*interessado*): E que espécie de perguntas você faz?

América (*seca*): Perguntas.

Monsenhor: Sei, sei. Mas diz uma delas.

América (*sorrindo*): Uma que ela se aborreceu foi sobre a Nossa Senhora.

Monsenhor: O que sobre Nossa Senhora?

América (*com levíssima ironia*): Eu perguntei como é possível existir a frase: "Nossa Senhora foi Virgem antes do parto, no parto e depois do parto".

Monsenhor (*brando*): Não nos cabe o julgamento dessas revelações. É preciso ter fé.

América (*objetiva*): Mas eu penso.

Monsenhor (*amável, mas firme*): Mas a fé não pretende que você deixe de pensar. A fé não pretende que você abdique de sua inteligência.

América (*sorrindo, com tímido desdém*): Mas isso não é lógico. Como posso acreditar numa coisa que é absurda? Todo mundo sabe que é impossível ser virgem e dar à luz.

Monsenhor (*grave*): Há verdades imutáveis. Divinas. Aos poucos, pela fé, todas as dúvidas tornar-se-ão verdades também no seu espírito. Entendeu?

América (*sorrindo*): Monsenhor mas...

Monsenhor (*aborrecido*): O mais importante no momento é que... não é bem esse tipo de pergunta... petulante... que aborrece as irmãs. (*pausa. Brando*) América, sei que você é inteligente. E preciso agradecer a Deus essa qualidade. Mas é preciso também submissão diante dos superiores. Fazer perguntas não é tão grave. Sempre haverá respostas. (*sombrio*) Mas querer fascinar pela argúcia, abusar de uma qualidade vital, pode tornar inquieto o coração dos outros.

Inquietude de início... e depois, você compreende... as pessoas jovens são propensas a dar crédito a um certo brilhantismo. (*sorrindo*) Você é quase brilhante, não é? Mas não tem retaguarda, não tem embasamento (*alternadamente grave e sombrio*) e pode confundir-se e confundir os outros. As alunas e as postulantes são muito jovens... podem fantasiar a seu respeito, podem querer partilhar desse seu... brilhantismo. Isso não é o desejo dos superiores. Você compreende? Todas estão perturbadas. Modificaram-se.

AMÉRICA (*seca*): Mas isso não é minha culpa.

MONSENHOR (*levemente agressivo*): É sua culpa sim, minha filha. (*pausa*) Que tipo de argumentos você usa?

AMÉRICA (*sorrindo*): Argumentos? Para quê?

MONSENHOR (*objetivo e levemente hostil*): Para perturbá-las. Porque você consegue perturbá-las.

AMÉRICA (*fria*): Eu não perturbo ninguém. Elas gostam de mim, é só isso.

MONSENHOR (*voz baixa, ainda hostil*): Mais do que isso, América, muito mais. (*pausa. Toca no braço de América. Tom confidencial*) Elas sonham com você. Você sabia?

América (*sorrindo*): Sonhar é bom. O que é que tem sonhar?

Monsenhor (*muito sombrio*): Se todas começarem a sonhar com você, você corre um risco. E eu não poderei... Olhe, eu posso algumas vezes te auxiliar, mas não numa questão de vida ou... Acautele-se.

América (*muito surpreendida*): De vida ou... Mas eu sou eu, América. É uma maneira de ser.

América de início fixa o Monsenhor como se achasse muito difícil explicar o que vai dizer. O Monsenhor vai gradativamente mudando a expressão do seu rosto. Está sombrio mas aos poucos vai sorrindo, analisando América. A mudança é simultânea em América e no Monsenhor. É como se de repente eles resolvessem descobrir alguma coisa um do outro. América, ainda com certa precaução, vai inventar uma estória porque sabe que a única maneira de dizer o que pensa é inventar uma estória nos moldes tradicionais, inventando pais mais ou menos normais e um irmão mais velho para que o Monsenhor dê maior importância ao seu relato. Eta e Dzeta são para América apenas símbolos de sua estória, mas o Monsenhor vai encarar tais símbolos de maneira diversa, dando-lhes uma nova realidade, realidade essa insuspeitada para América.

AMÉRICA (*tom ameno e informal*): Sabe, Monsenhor, é assim, por exemplo: Lá em casa uma vez aconteceu uma coisa. O meu irmão...

MONSENHOR (*bastante delicado*): Ah, você tem um irmão?

AMÉRICA (*descontraída e empolgando-se*): Sim, ele é mais velho do que eu e escreve umas coisas ótimas. Uma noite meu pai começou a aborrecê-lo e perguntou o que é que ele escrevia afinal. Meu irmão respondeu que eram estórias e que o pai não ia entender. O pai ficou muito exaltado e disse: "Você é um gênio por acaso para que eu não entenda o que você escreve? (*América imita o pai*) Vamos lá, vamos lá, o que é? O que é que você sabe?". Aí meu irmão respondeu e o pai ficou furioso, tirou as folhas de papel de cima da mesa e disse: "Pois eu vou ler, rapaz, e vou ler alto para que todos ouçam". E o pai leu. (*pausa. Tom confidencial*) E a estória era bem estranha... Era a estória de um homem que tomava conta de umas máquinas pequenas...

MONSENHOR (*interrompe, interessado*): Tomava conta de umas máquinas? Como é isso?

América (*com entusiasmo*): Era assim, Monsenhor. O homem tomava conta de umas maquininhas. (*a luz diminui ligeiramente sobre América e intensifica-se no plano C, onde está o Vigia diante de uma caixa de matéria brilhante. Eta e Dzeta estão dentro da caixa, mas nunca são vistas. Fazem um ruído eletrônico, de preferência agudo e desconfortável. América continua contando a estória e as duas cenas, plano B e C, são simultâneas. O Vigia está vestido como um homem de laboratório*) Eram duas pequenas coisas que se chamavam Eta e Dzeta. Elas viviam dentro de uma caixa... (*América faz apenas os gestos como se estivesse continuando o relato sem que o público a ouça, mas, no plano C, Eta e Dzeta aumentam seu ruído compassado, agudo e desconfortável. Dar um tempo para o plano C. América continuando. Sempre que América continuar o relato, o ruído de Eta e Dzeta diminui de intensidade*) Essas pequenas coisas comiam luz, quero dizer, elas se alimentavam de luz e andavam. O homem era o vigia das pequenas coisas. Ele trabalhava nesse Instituto e Eta e Dzeta andavam sempre dentro da caixa fazendo sempre o mesmo caminho.

Monsenhor: E que caminho era esse?

O Vigia faz movimentos que acompanham o relato de América, isto é, inclina gradativamente o tronco e cabeça como se seguisse com espantosa atenção o percurso de Eta e Dzeta.

AMÉRICA (*ilustra o que conta*): Era assim Monsenhor: saíam daqui, caminhavam juntas em linha reta, iam andando, iam andando, chegando no fim da caixa, chegavam, aí giravam sobre si mesmas e repetiam o mesmo caminho até o ponto de partida. Depois começavam tudo outra vez. (*pausa*)

MONSENHOR (*fascinado*): Sei, sei. E depois?

AMÉRICA (*notando o interesse do Monsenhor, segue o relato tentando aparentar certa indiferença*): Sabe, a verdade é que elas só podiam fazer esse caminho... Mas um dia o vigia viu que Eta e Dzeta...

Escurece no plano B. O Vigia faz um gesto de surpresa. O ruído torna-se diferente, descontrolando-se.

VIGIA (*alarmado*): Não é possível... Não é possível... Elas oscilam. Estão oscilando. (*os ruídos cessam*) Pararam. Estão paradas. (*o vigia, muito nervoso, conta os segundos que Eta e Dzeta pararam, num relógio de pulso*) Um, dois, três, quatro, cinco, seis... Recomeçaram. (*os ruídos recomeçam normais. Aliviado*) Felizmente... Mas pararam seis segundos.

Escurece o plano C e, simultaneamente, luz no plano B.

AMÉRICA: E isso era impossível. Tudo tinha sido planejado para que nada modificasse o comportamento de Eta e Dzeta.

MONSENHOR (*interrompe, ainda interessado, tentando compreender*): Mas espera um pouco... por que tudo isso? Por que Eta e Dzeta não podiam modificar o percurso?

AMÉRICA (*com delicada ironia*): Porque não era bom.

MONSENHOR: Por que não era bom?

AMÉRICA: Elas disseram que podia ser perigoso, muito perigoso.

MONSENHOR: Elas quem?

AMÉRICA: As Cooperadoras-chefes do Instituto.

MONSENHOR (*sem compreender*): As Cooperadoras-chefes? (*pausa. Recompondo-se espantado consigo mesmo por ter ouvido até aí*) Não, não, filha, tudo isso é bobagem, Cooperadoras-chefes... Institutos...

AMÉRICA (*como se já esperasse essa resposta*): E... Foi o que o pai disse. (*tom de estudada inocência*) Mas minha mãe... (*finge não querer continuar*)

MONSENHOR (*novamente interessado*): Sua mãe? O que é que ela disse?

AMÉRICA (*objetiva e empolgada*): Minha mãe disse que achava a estória nova. Nova, ela repetiu bem alto. E meu irmão respondeu: "Pois é. Ser novo é uma maneira de ser...". E assim as coisas se passam comigo também. Eu quero dizer que eu sou eu mesma, América. Uma maneira de ser. (*pausa*)

MONSENHOR: Sim, sim, minha filha, compreendo. (*pausa. Intrigado*) Mas me diz... como eram essas pequenas coisas... na aparência?

AMÉRICA (*com entusiasmo*): Ah, isso era importante, me lembro. Na aparência Eta e Dzeta eram vulgares, mas a aparência nada tinha a ver com o... o de dentro delas... o...

MONSENHOR (*interrompe, interessado e objetivo*): Já sei. O núcleo da ação.

AMÉRICA (*tom anterior*): Isso mesmo, Monsenhor, o núcleo da ação. O senhor disse bem. Elas, as Cooperadoras-chefes, disseram ao vigia que teria sido fácil construir as pequenas coisas com sutilíssimas aparências. Mas foi preciso que a forma exterior não se mostrasse muito atraente porque, elas explicaram, a forma complicada ou bela faria com que o vigia prestasse muita atenção no aspecto de Eta e Dzeta, sabe, no invólucro, no...

Monsenhor (*interesse crescente*): No mais periférico?

América (*sorrindo*): Isso, Monsenhor. E não era esse o desejo das Cooperadoras do Instituto. Elas disseram também para o vigia que aquilo tudo não era milagroso, não, que Eta e Dzeta existiam como resultado de um grande esforço...

Monsenhor (*prudente*): Tecnológico?

América: É, e...

Monsenhor (*interrompendo*): Um momento, um momento. Espere um pouco... (*tom confidencial*) Não seria possível que o vigia estivesse cansado, que os olhos... os olhos lacrimejassem por exemplo e que... Talvez por isso ele tenha visto Eta e Dzeta oscilarem e depois pararem?

América (*levemente desconcertada, mas se recompondo em seguida*): Meu irmão pensou nisso também. Ele escreveu que os olhos do vigia nunca lacrimejaram. (*pausa*) Não, espera, uma vez só, mas foi de madrugada e nessa hora não teve muita importância porque os deveres já tinham sido cumpridos e todos estavam dormindo.

MONSENHOR: Daí que todos estavam dormindo?

AMÉRICA: Daí que quase não havia perigo para Eta e Dzeta.

Pausa longa. Monsenhor caminha. Percebe-se que ele está profundamente interessado. Olha algumas vezes para América, faz gestos lentos, alisa o rosto, o queixo. Está pensando seriamente na estória e numa provável aplicação de Eta e Dzeta. América acompanha o Monsenhor com os olhos e tenta demonstrar indiferença diante de suas reações.

MONSENHOR: Ele comia?

AMÉRICA: Quem, o vigia?

MONSENHOR: É, o vigia.

AMÉRICA: Ah, ele roía uns tabletes vitaminados, mas não desviava os olhos... (*pausa*)

MONSENHOR (*apreensivo*): Então o que aconteceu naquele dia foi o... o imponderável?

AMÉRICA (*sorrindo*): Parece absurdo não é Monsenhor? Mas aconteceu. Eta e Dzeta eram quase perfeitas e mesmo assim falharam.

Ouve-se o toque de uma campainha.

AMÉRICA: Eu preciso ir, Monsenhor. (*tenta sair da sala*)

MONSENHOR: América, América. E depois?

AMÉRICA: Eu vou chegar atrasada, Monsenhor.

MONSENHOR: Mas pelo menos uma coisa ainda hoje. E o seu irmão? (*pausa*)

AMÉRICA (*lentamente, grave*): Um dia... ele resolveu ir embora de casa. Era bem cedo. Ele abriu a porta do meu quarto e quando eu lhe perguntei o que era, ele respondeu: "Eu vou embora. Eu vou embora e você não compreende, não é?". Eu disse que compreendia sim. E antes de fechar a porta ele também disse: "Sabe, América, um homem de muito humor escreveu que se nos vinte anos a gente não é assim como eu, aos quarenta seremos certamente uns canalhas". E deu risada. Mas... estava triste também. Depois foi embora.

Ouve-se novamente a campainha.

AMÉRICA: Eu preciso ir, Monsenhor. (*sai*)

MONSENHOR (*concentrado*): Sim... sim... (*o Monsenhor fica sozinho. Está muito sério, elaborando seu plano*) Movimentos imperceptíveis... movimentos imperceptíveis de... Eta... e... Dzeta. Eta e Dzeta. (*lentamente! Empolgado, mas sóbrio*) e se elas oscilassem, sim, mas nunca a ponto de morrer...

Entra a Irmã Superintendente sem ser notada pelo Monsenhor. As mãos enfiadas na manga.

SUPERINTENDENTE (*com arrogância*): Ela se salvará?

MONSENHOR (*como se acordasse*): Ah, Superintendente, perdão. (*pausa*) Bem, se eu soubesse. (*pausa*) Ela tem ideias.

SUPERINTENDENTE (*esforçando-se por reprimir a irritação*): Ideias... Todos os jovens as têm. O difícil é a grande ideia, aquela que nos consome, que arde, e que não nos dá descanso enquanto não se faz verdade... tangível. (*pausa*)

MONSENHOR (*como se falasse consigo mesmo, sem olhar a Superintendente*): A grande ideia... América nem sabe se é capaz de uma grande ideia. Mas aos poucos uma atitude de espírito diante das coisas vai se formando, assim como um grito, um grito que se abre e subitamente abrange o mar.

SUPERINTENDENTE: Será preciso castigá-la. (*pausa*)

MONSENHOR: Não, não é uma boa política.

SUPERINTENDENTE: E então? (*pausa*)

Monsenhor (*lentamente, com astúcia moderada*): O importante... é fazer com que América se aproxime dos superiores. Da cúpula, Irmã. Um bom começo será a senhora. Mas ela mesma não terá essa iniciativa. É jovem. Tem orgulho.

Superintendente (*severa*): Ela vai criar conflitos na alma da nossa comunidade.

Monsenhor: Mas aos poucos ela poderá ter um comportamento razoável. (*tom levemente persuasivo*) E se a senhora, com seus dotes de paciência, conseguir assimilar América?

Superintendente (*surpresa*): Assimilar?

Monsenhor (*seco*): Sim. (*destacando as sílabas*) Assimilar. (*pausa*)

Superintendente (*fria*): E se eu não conseguir?

Monsenhor (*firme*): Não seria bom. Ela seria afastada. E isso não é agradável para nós. Ela se destaca das outras. (*pausa*) Quem sabe se existe dentro dela certa ambição... louvável?

Superintendente (*seca*): Ambição? Que espécie de ambição?

Monsenhor: O desejo de progredir, por exemplo. Por que não criar o cargo de vigilante para as classes? Um cargo de confiança.

Superintendente (*contrariada*): Mas há vigilantes. São as noviças.

Monsenhor (*francamente imperativo*): Abra uma exceção à América. Se ela cumprir à risca esse cargo, a cúpula ficará mais tranquila.

Superintendente (*seca*): Quando o senhor fala, tenho a impressão de que corremos um risco... Afinal, não é somente América?

Monsenhor (*tom explicativo e aparentemente cordial*): Irmã Superintendente, veja: cada criatura excepcionalmente dotada traz consequências imprevisíveis para uma comunidade. Às vezes, conflitos. E a senhora não os deseja, não é? Por isso é preciso fazer com que América não se distancie espiritualmente do seu meio. Quanto maior a distância, maior o conflito. Se é preciso haver uma ética de grupo, é preciso antes de tudo que ela funcione de acordo com as suas diretrizes. Todas trabalhando para manter a disciplina e o progresso do colégio. E para que América se interesse por tudo isso, é preciso que ela tenha ambições de um progresso pessoal.

Superintendente (*contrariada*): Compreendo, Monsenhor... Mas ainda vagamente.

Monsenhor (*firme*): É necessário compreender tudo agora. Eu também só compreendi tudo... (*com ênfase*) agora.

Superintendente (*esboçando recusa*): Será difícil, ela é muito soberba. Outro dia ordenei que ela abaixasse os olhos como castigo para uma resposta grosseira e ela me respondeu que talvez sim, abaixasse os olhos, mas só diante de Deus. E depois ela poderá pensar que tento agradá-la. Isso seria terrível. Sentir-se-á importante. Pode até anular minha autoridade. (*pausa*) Não será melhor castigá-la?

Monsenhor (*com firmeza, tom aborrecido*): Superintendente, essas batalhas não são ganhas assim. É preciso conquistá-la, mas não com armas bélicas. Com a cabeça, Irmã, com a cabeça.

Superintendente (*levemente hostil*): E por que o senhor mesmo não tenta falar com ela e assim resolve essas coisas que me propõe?

Monsenhor (*categórico*): Porque cabe à senhora conquistá-la. Eu não sou de dentro. Tenho privilégios limitados. O meu nível de aspiração não pode ultrapassar suas funções.

Superintendente: Mas o senhor é parte do colégio. O senhor é aquele que as ouve em confissão.

Monsenhor: Mas eu posso ter as minhas próprias ideias, não, Irmã? E se de repente elas coincidem em parte com as de América? (*espanto da Superintendente. Monsenhor continua com pretensa amabilidade*) Não é tão grave, Irmã.

Superintendente: Sua linguagem me é estranha muitas vezes. (*pausa*) Tenho a função de superintendente, mas minha maior aspiração é apenas...

Monsenhor (*interrompe*): Salvar a sua alma?

Superintendente (*com alguma soberba*): Por que não dizer que eu quero substituir o conteúdo deste odre velho que é meu corpo pela claridade do...

Monsenhor (*interrompe*): Mas Deus pode ser treva. Pode ser a grande noite. (*pausa*)

Superintendente: Tudo seria exemplar sem América.

Monsenhor: Talvez, minha cara Irmã, seja preciso renovar.

Superintendente: Renovar? E em nome de quê?

Monsenhor: De América, por exemplo.

Superintendente: O senhor fala em renovações superficiais, não é?

Monsenhor (*acentua a primeira palavra*): Aparentes, a senhora quer dizer?

Superintendente: Monsenhor, seja claro.

Monsenhor (*entusiasmado*): Veja, Irmã, o mais importante é começar. Um caminho paralelo e fiel ao nosso tempo, a esse tempo em que vivemos. Um caminho novo. Novo. Mas antes vamos provar América, saber se ela é de fato o que parece: uma reformuladora... (*com ênfase*) de aço. E depois expandiremos, expandiremos o núcleo de ação. Prove-a.

Escuro total para o Monsenhor sair e América entrar.

Terceira cena

Luz intensa sobre a Superintendente, que está sentada na cadeira do Monsenhor, e sobre América.

Superintendente: Mas em que coisas você acredita?

América: Numa via de...

Superintendente (*interrompe*): E Deus? (*pausa*)

América: Deus espera que os homens O mantenham vivo.

Superintendente: Você é insolente, América.

América: A senhora perdeu a sua docilidade?

Superintendente (*incapaz de ocultar a irritação*): Docilidade... mas o que é exatamente que você pretende?

América: Fidelidade. (*tocando com uma das mãos o próprio peito*) A tudo aqui de dentro.

Superintendente: Também os torpes pedem fidelidade uns aos outros. Em nome da fidelidade resistem e vivem. (*pausa*)

América (*com desconfiança*): Em nome do quê a sua aparente bondade sobre mim?

Superintendente: Aparente? É quase escandalosa a minha proteção sobre você... nestes últimos dias.

América: Mas eu não estou convencida. A intenção é de me confundir. E a senhora não me deixa falar o que eu tenho a dizer.

Superintendente: Porque suas palavras não têm sentido algum.

América: Todas juntas formam uma parábola.

Superintendente (*indignada*): Você chama de parábola o que você conta àquelas que um dia vão fazer parte da ordem?

América (*repetindo pausadamente*): Se eu não contar minhas estórias àquelas que um dia farão parte da ordem, tudo isso morrerá.

Superintendente: E é isso que você pretende? A morte de todos nós?

América: Pelo contrário. Uma vida nova.

Superintendente: Isso levaria tantos anos. Você estaria morta. (*pausa*)

América (*como se falasse consigo mesma*): Seria claro e limpo... (*como se acordasse*) Ah, sim. Levaria muitos anos. E que importância tem?

Superintendente: Você não se contenta com nada. Não será mais vigilante da sua classe, tarefa aliás que você desempenha muito mal, porque está sempre se intrometendo com aquelas que logo mais pertencerão a Deus.

América (*branda*): É verdade, eu nunca fui boa vigilante. (*pausa*) Vigilante... o Monsenhor... (*muito intrigada*) ele estava tão curioso para ouvir... (*muito preocupada*)... penso que...

Superintendente: O que é que você pensa?

AMÉRICA: Que ele pode ter dado uma outra versão à minha estória.

SUPERINTENDENTE: Que estória?

AMÉRICA: A estória de Eta e Dzeta.

SUPERINTENDENTE: Mais uma parábola? O Monsenhor não pode perder tempo ouvindo suas fantasias. Tem mais o que fazer. Tem deveres.

Escurece no plano A, onde estão a Superintendente e América, ao mesmo tempo o plano C é iluminado, mostrando as Cooperadoras-chefes, o Vigia e a caixa onde estão Eta e Dzeta. Logo que começa a fala das Cooperadoras-chefes, um círculo de luz ilumina o plano A, mas apenas onde está América, que acompanha o relato com assombro e gradativamente vai entrando em desespero. América percebe o novo rumo dado à sua estória pelo Monsenhor e fica visivelmente perturbada. As partes mais importantes dos textos das Cooperadoras devem ser repetidas, como quando se retrocede um gravador e se escuta de novo! Por exemplo, a fala: "É seu dever procurar entre os cooperadores do Instituto aquele que se encontra em íntima dissonância com a própria tarefa". Escuro total. Luz. Repete-se a cena. Outra: "Pois Eta e Dzeta são como um termômetro, acusam as oscilações da consciência, acusam as asas do espírito". Escuro total. Luz. Repete-se a cena. Os textos devem ser repetidos algumas vezes. América mostra grande aversão pela fala das Cooperadoras. Tensão. Intensidade.

As Duas Cooperadoras-chefes (*tom objetivo, seco, de comando*): Agora que você viu Eta e Dzeta moverem-se, sua função se ampliará. Você não será mais o simples vigia das pequenas coisas, mas irá gradativamente adquirindo novos postos. (*Primeira Cooperadora*) Agora será diferente. (*Segunda Cooperadora*) Agora será diferente. (*juntas*) Todas as vezes que Eta e Dzeta apresentarem modificações no comportamento, é seu dever procurar entre os cooperadores do Instituto aquele que se encontra em íntima dissonância com a própria tarefa, pois Eta e Dzeta são como um termômetro, acusam as oscilações da consciência, acusam as asas do espírito, e essas são as únicas razões do seu percurso anormal. Devemos zelar para que isso não aconteça. Devemos zelar para que isso (*com ênfase*) nunca aconteça.

Escuro nos dois planos e imediatamente luz intensa no plano A, onde estão a Superintendente, sem o hábito, com roupa mais simplificada, e América. A partir daqui, ocorre toda a modificação nos personagens, mostrando que a comunidade não é de forma alguma a mesma.

América (*muito perturbada*): Não era isso que eu queria, não era isso, isso não.

Superintendente (*com assombro*): Mas o que foi? O que foi América? O que é que você não queria?

América (*muitíssimo perturbada*): Era maior do que isso... Era muito maior do que isso.

Superintendente: Escute, América, preste atenção, acalme-se, acalme-se. Vamos falar com maior clareza. (*pausa*) De início quero lhe dizer que não tenho mais a intenção de lhe tirar o cargo de vigilante. Você pode até ser chamada para um alto posto. Reconsiderei. (*pausa*) Está melhor? (*pausa longa*)

América (*lenta, olhar vago, voz baixa*): E como seria essa novo posto?

Superintendente: Você seria uma...

América: Uma cooperadora?

Superintendente: Sim. E nesse novo posto você apenas nos indicaria aquelas que não estão contentes.

Diminui a luz neste plano. Cena imóvel. Luz intensa sobre o plano C.

COORDENADORAS-CHEFES: Muito bem. É isso mesmo. Vimos que você compreendeu.

VIGIA: Mas não seria delação?

COORDENADORAS-CHEFES (*amáveis*): Nem pense nisso. Não será um caso de delação, pois todas as cooperadoras deste Instituto são pessoas altamente capazes. É natural no ser humano um possível deslocamento de interesses, um não conformismo entre os seus altos ideais e o seu trabalho diário. Os cooperadores serão sempre mantidos nos seus postos, porque a rotina, o trabalho, a disciplina, lhes dará a dimensão necessária para prosseguir.

Escuro total no plano C, e intensifica-se a luz no plano A.

SUPERINTENDENTE: Então, América, aceita?

AMÉRICA (*lenta, olhar vago*): Mas não seria delação?

SUPERINTENDENTE (*tom reconciliatório*): Delação. Que termos você usa. Não seja tola. É natural uma certa inquietude no coração das criaturas quando o dia a dia sofre certas modificações. Você pensa por acaso que eu castigaria alguém? Quero guiá-las unicamente.

América: Em que direção?

Superintendente: Em direção a um caminho novo, concreto, eficiente e sem mistérios.

América: Novo... eficiente... concreto... sem mistérios. (*evocando*) Em mim tudo se fazia tão diferente. (*pausa*) De início eu entraria no outro lentamente, assim como um débil fiozinho d'água... depois eu cresceria... eu cresceria... (*com recusa e assombro*) E o ser amado nunca mais teria posse de si mesmo? De modo algum ter a posse de si mesmo?

Superintendente: América, basta, basta, você parece louca, louca. (*pausa*)

América (*sombria, grave*): Tudo o que fui, não sou mais.

Superintendente: Você é América, nova. Nova.

A partir daqui, América vai falar como alguém que, através de uma compreensão particular e única, separou-se dos demais. Acentue-se a transformação de América. O tom será calmo, algumas vezes apaixonado, mas sempre lúcido e grave.

América: Rumor vindo de uns lados do lá fora. (*pausa*) Agora sei que se fará em mim um novo tempo.

Superintendente: Um novo tempo. Isso, América. Vamos, vá retomar seu posto. E depois...

América: Eu não direi mais as mesmas coisas. Nunca mais.

Superintendente: América, você é como o Monsenhor disse: "Um grito que se abre". Essa é você: um grande grito.

América: Essa foi uma imagem de mim. A outra será construída em solidão. (*pausa*) Alimentada e diversa... dividi-me. E se uma agora se extingue, a outra se fará solar e rara.

Superintendente: E se uma agora se extingue? (*pausa*) Mas você nunca mais poderá voltar atrás. Agora não moça. (*pausa. Tentando reconciliação*) América, escute, talvez nós tenhamos ido longe demais com você. Mas era preciso saber se a sua palavra, ou como você diz, as suas parábolas, se transformariam em verdade no espírito de todas. E isso aconteceu, América. A alma da nossa empresa é nova.

América: Eu não direi mais as mesmas coisas.

Superintendente (*fria e imperativa*): Dirá sim. Nós investimos em você. É preciso continuar. Vamos, vá retomar o seu posto.

Escuro total.

Quarta Cena

Luz no plano A, onde está América, e luz no plano B, onde estão as três Postulantes. Os objetos do plano A devem ser retirados. América ilustra a estória que vai contar, fazendo os dois personagens. No entanto, América vai acentuar recursos de mímica assim como os usados numa peça infantil. Ela quer ser clara e didática.

AMÉRICA: (*Durante este relato de América, as Postulantes, que usam agora uma roupa mais simplificada, apenas com uma cruz no peito, mantêm atitude rígida e distanciada. Alguns risos muito discretos evidenciam que as Postulantes acham grotesca e ridícula a atuação de América*) O homem perguntou depois de parar de repente: "Mas ela continua até lá, não é?". A mulher, ouvindo a pergunta, levantou vagarosamente a cabeça, abriu os braços e respondeu: "Ela quem?". "A estrada, mulher de Deus, o caminho." "Ninguém me fez essa pergunta até agora. Não sei. E também seria inútil." "Mas, mulher, eu sei que esse caminho continua." "Justamente. Esse não continua. Esse acaba aí mesmo onde o senhor está. Onde estamos nós. E não basta?" O homem começou a falar novamente: "Impossível, não está vendo? Olha como ele continua pela floresta. E como é bonito". A mulher respondeu: "Só os cordeiros passam por ali, os mansos". O homem olhou para os lados... não haveria alguém por perto? Os cordeiros... e que teriam eles com tudo aquilo? Passou as mãos pela cabeça e depois segurou a mulher pelos braços: "Essa resposta que a senhora me deu não tem sentido algum. Este caminho onde estou continua mais adiante". Ouviu um ruído de folhas. Voltou-se. Seria um animal? Por um instante teve a impressão de que o olhavam e, movendo a cabeça para todos os lados, perguntou com voz altíssima: "Vai até a floresta, não é? Ou pelo menos até uma ponte?". (*pausa*) Sentiu um toque firme no ombro. Voltou-se. Um jovem de camisa aberta no peito, não, não, sem camisa, e segurando a enxada pela lâmina, lhe tocou novamente, mas agora na altura do umbigo, e disse-lhe: "Ela já não falou que a estrada acaba aqui mesmo? Quantas vezes daqui por diante será preciso dizer a mesma coisa?". "Escute aqui, rapaz, quer dizer que você também não vê que o caminho continua? Lá, olha como é bonito. Lá." O jovem não respondeu e sentou-se ao lado da mulher. "Agora, sim", o homem pensou, "Mas só eu é que vejo?

Não é possível." O melhor seria continuar andando. (*pausa*) E quando entrou na floresta ouviu a mulher gritar: "Só os cordeiros, os mansos, é inútil, é inútil". Mas o homem continuou andando.

AS TRÊS POSTULANTES (*irônicas, sorrindo*): Ela está diferente. Ela está diferente. Não é mais América contente. Ela está diferente.

PRIMEIRA POSTULANTE: E quem era esse homem tão esquisito, América? (*pausa*)

AMÉRICA: Alguém... que acredita.

SEGUNDA POSTULANTE: Um sonhador?

AMÉRICA (*branda*): Vocês podem dar o nome que quiserem.

TERCEIRA POSTULANTE: E você é igual a ele?

AMÉRICA (*com firmeza, mas branda*): Sim, sou.

Entra a Superintendente no plano B. As três postulantes, graves, tom acusatório.

PRIMEIRA POSTULANTE: Ela está diferente.

SEGUNDA POSTULANTE: Ela está diferente.

TERCEIRA POSTULANTE: Ela está diferente.

SUPERINTENDENTE: Já sei, mas façamos uma tentativa.

A Superintendente e as Postulantes descem para o plano A e fazem um semicírculo ao redor de América.

Primeira Postulante: Uma tentativa? Qual tentativa?

Superintendente: América, peça uma coisa e nós lhe daremos. Peça, vamos.

As Três Postulantes: Sim, nós também lhe daremos. (*pausa*)

América: Agora, se eu pudesse ter dois livros...

Superintendente: Livros? Isso é fácil. Quais? (*pausa*)

América: O primeiro aquele que conta a estória de um homem que virou bicho.

Primeira Postulante: Um louco?

Superintendente: Sem nenhum interesse.

Segunda Postulante: Mas como é essa estória, Irmã?

Superintendente: É a estória de um homem que se transformou num inseto, e a família quase enlouqueceu por causa dele.

Terceira Postulante (*rindo*): Lógico, era pra enlouquecer.

Superintendente: A família sofre humilhações, desprestígio. É horrível. Esse livro não. Peça um livro razoável.

Primeira Postulante: E o outro que você queria? (*pausa*)

América (*branda*): É a estória daquele que ressuscitou.

Segunda Postulante (*depreciativa*): Um homem que ressuscitou?

Superintendente (*fria e muito depreciativa*): Vocês sabem de alguém que ressuscitou?

Terceira Postulante (*insegura*): Lázaro?

Primeira Postulante: Ora, esse todo mundo sabe que foi um golpe de Marta e Maria para fazer a prévia do homem Jesus.

América (*apontando a cruz das Postulantes*): Esse.

Superintendente: O homem Jesus?

As Três Postulantes: Mas ele não ressuscitou.

América: Esse que é o Filho daquela que é Virgem.

As Três Postulantes: Como você ficou boba. Ninguém pode ser filho de uma virgem.

Superintendente: E não há nada que nos faça ressuscitar de verdade. De verdade mesmo.

Metamorfoses, ressurreições... Ela parece uma alquimista.

América (*angustiada*): Mas é tudo verdade. Eu tenho certeza.

Superintendente (*com pretensa piedade*): As coisas que ela diz... Agora é preciso castigá-la. Será que ela contou coisas assim para as outras?

Primeira Postulante: Para as outras não, Irmã. Mas contou para nós.

Superintendente (*apreensiva*): Para vocês? Conta como foi, minha filha.

Primeira Postulante (*com desdém*): Ela contou a estória de um homem que dizia que o caminho continuava na floresta e...

Superintendente (*interrompe*): E era verdade?

Primeira Postulante: A mulher para quem ele perguntou disse que o caminho acabava ali mesmo onde ele estava.

Segunda Postulante (*tom acusatório*): E América disse que esse homem era um sonhador.

Terceira Postulante (*hostil*): E que ela, América, era igual a ele. (*pausa*)

Superintendente (*muito grave*): Ai daqueles que a ouvem.

Primeira Postulante: Que misérias ela conta agora, não Irmã?

Superintendente: Por isso minha filha, é preciso atenção. Usar sempre a cabeça e não arrancá-la como faz América.

Segunda Postulante (*com muita ironia*): Ninguém vê uma cabeça que não existe.

Superintendente (*objetiva*): Muito bem, minha filha. Na verdade a cabeça de América não existe. E para que essa verdade fique bem clara, é necessário que daqui por diante ninguém mais veja... (*com ironia*) essa cabeça que não existe.

As Postulantes tiram de algum canto um camisolão preto e jogam por cima de América como se fossem vesti-la. Mas fazem-no de forma a não deixar que a cabeça de América passe pela abertura.

As Três Postulantes (*entusiasmadas*): Vamos cobri-la. Vamos cobri-la.

Superintendente (*para América*): E pode pensar à vontade agora. (*sorrindo com desdém*) Mas naturalmente sem a cabeça.

Todas as Postulantes sarcásticas, caricaturais e saindo de cena.

Primeira Postulante: Imagina um homem que virou bicho.

Segunda Postulante: E outro que ressuscitou.

Terceira Postulante: E uma coitada virgem que teve um filho.

Escuro total. Dar um tempo. Luz gradativa. América está sozinha no mesmo plano e já vestida com o camisolão preto. Quase madrugada. Clima muito sombrio.

América (*profundamente comovida, lenta, mas não como alguém que se sente derrotado, muito como alguém que sofre piedade e extrema lucidez*):
De luto esta manhã e as outras
As mais claras que hão de vir,
Aquelas onde vereis o vosso cão deitado
E aquecido de terra. De luto esta manhã
Por vós, por vossos filhos
E não pelo meu canto nem por mim
Que apesar de vós ainda canto.
Terra, deito a minha boca sobre ti.
Não tenho mais irmãos
A fúria do meu tempo separou-nos
E há entre nós uma extensão de pedra.
Orfeu apodrece
Luminoso de asas e de vermes
E ainda assim meus ouvidos recebem
A limpidez de um som, meus ouvidos

Bigorna distendida e humana sob o sol.
Recordo a ingênua alegria de falar-vos.
E se falei
Foi para trazer de volta aos vossos olhos
A castidade do olhar que a infância voz trazia.
Mas só tem sido meu, esse olho do dia.

Entra a Irmã Superintendente.

SUPERINTENDENTE (*com autoridade*): América, você vai receber uma visita. Vamos, prepare-se para receber o Inquisidor.

AMÉRICA (*sem compreender*): O Inquisidor?

SUPERINTENDENTE: Sim, serão as primeiras perguntas... (*acentuando com ironia*) domésticas. Uma velha tradição, um atualíssimo cuidado, uma prudente formalidade. Desde sempre.

Sai a Superintendente e ilumina-se imediatamente o plano B, onde está o Monsenhor sentado na sua cadeira negra, alta, fazendo agora o papel de Inquisidor. Não deve ter roupas sacerdotais, mas algumas indicações de que ele foi Monsenhor e agora é Inquisidor. Pode haver movimentação do Monsenhor nos dois planos.

INQUISIDOR (*com papéis na mão*): Moça América.

AMÉRICA (*debilmente, com profunda estranheza*): Senhor Inquisidor.

INQUISIDOR (*objetivo*): Como era sua mãe? (*pausa*)

AMÉRICA (*sem compreender, voz baixa*): Minha mãe?

INQUISIDOR: Sim, a sua mãe de carne e osso, não a sua Virgem. (*pausa*) Vamos, fale.

AMÉRICA (*como se falasse consigo mesma*): Tínhamos coisas iguais. (*pausa*)

INQUISIDOR: Vamos, vamos. É preciso saber dessas heranças. (*pausa*)

AMÉRICA: Tínhamos coisas iguais.

INQUISIDOR: Você já disse isso.

AMÉRICA (*ainda falando consigo mesma, como se o Inquisidor não estivesse presente, comovida, sombria*): Os olhos velhos e a vontade de amar sem saber como. Crescemos tanto as duas, tão inutilmente. Crescemos tanto que nem mais nos abraçávamos, nem sorríamos, como acontece àqueles que se amam. Eu dizia: "Dá-me um pouco de ti, eu tenho sede. Tenho os olhos pisados de sonhar".

INQUISIDOR: Mas o que você contou àquele que era Monsenhor...

AMÉRICA (*muito triste*): A este Inquisidor...

MONSENHOR (*destacando as palavras com hostilidade*): O que você contou àquele que era Monsenhor... (*menos hostil*) parecia diferente. A sua mãe entendeu que aquela estória do seu irmão era nova. "Nova", ela repetiu bem alto, não foi? (*folheia alguns papéis*) E uma mulher que diz isso não parece ser essa que você descreveu. (*pausa*)

AMÉRICA (*branda*): Eu nunca tive essa mãe... nem esse irmão.

INQUISIDOR: Ah... estamos indo muito bem... Aquela estória era sua, não? Muito boa, muito boa. Foi qualificada: Eficiente. (*pausa. Tom severo*) Quer dizer que seu pai também não é aquele? Então como era seu pai? (*pausa*)

AMÉRICA (*grave*): Era louco.

INQUISIDOR (*seco, examinando os papéis*): Mas você via seu pai.

AMÉRICA: Uma vez, sim.

INQUISIDOR: E o que é que vocês se disseram?

AMÉRICA: O senhor não compreenderia.

INQUISIDOR (*sarcástico*): O que, eu não compreenderia? Moça, eu entendo o demônio. (*pausa. Hostil*) Vamos, o que é que vocês se disseram?

Estamos perdendo muito tempo. Diga o que quiser, eu jamais a interromperei. Isso de não interromper é praxe, desde sempre. Antes e agora. (*pausa longa*)

América (*como se falasse consigo mesma, lenta*): Pai, uns ventos te guardaram, outros guardam-me a mim. E aparentemente separados, guardamo-nos os dois, enquanto os homens no tempo se devoram. Será lícito guardarmo-nos assim?

Inquisidor (*seco*): Não, não seria lícito.

América (*sem ouvir o Inquisidor*): Pai, tocaram-te nas tardes brandamente, assim como tocaste, adolescente, a superfície parada de umas águas? Tens ainda nas mãos a pequena raiz, e a fibra delicada que a si se construía em solidão?

Inquisidor: Não. Ele não tinha mais nada nas mãos.

América (*tom anterior*): Assim somos tocados sempre. Pai, este é um tempo de silêncio. Tocam-te apenas. E no gesto, te empobrecem de afeto. E no gesto te consomem.

Inquisidor (*hostil*): Você mesma é que se consome.

América (*voz mais alta, mais comovida*): Pai, este é um tempo de cegueira. Os homens não se veem. Sob as vestes, um suor invisível toma corpo e, na morte, nosso corpo de medo é que floresce. Mortos nos vemos. Mortos amamos. E de olhos fechados, uns espaços de luz rompem a treva. (*abaixa a cabeça como se soubesse a inutilidade de todas as confissões*)

INQUISIDOR: E foi tudo o que você disse?

AMÉRICA: Quase tudo.

INQUISIDOR: Esse quase foi... o quê?

AMÉRICA (*angustiada*): Pai, este é um tempo de treva.

INQUISIDOR: Só isso mesmo, América?

AMÉRICA: Sim.

INQUISIDOR (*agressivo, folheando os papéis*): Não é verdade. Você disse a seu pai: "O sonho sobre a tua fronte é uma crisálida pronta para ter asa". O sonho de um louco? O teu sonho, sim, era válido, quando era aquele objetivo, concreto, eficiente. Este teu outro sonho (*irônico*) "pronto para ter asas", este é o sonho de um louco. (*tom severíssimo*) Você conhece a razão de estar aqui?

AMÉRICA (*firme*): Não senhor.

INQUISIDOR: Sua consciência está limpinha como o lençol da tua Virgem.

América (*indignada, voz baixa*): O senhor me insulta.

Inquisidor (*aliviado e sarcástico*): Muito bem. Uma boa confissão. (*muito agressivo*) Mas não basta, não basta, não basta.

Escuro total.

Quinta Cena

Luz no plano A. É um julgamento. Monsenhor, Bispo e Superintendente estão sentados em cadeiras negras, altas, um pouco grotescas, enquanto América está em pé no centro. As roupas do Inquisidor e do Bispo devem ser informais, por exemplo, calça e pulôver preto, mas com alguma coisa, talvez uma faixa ao redor do braço, evidenciando suas respectivas funções. América continua com camisolão preto. Ao iniciar-se a cena, todos estão de pé e as falas são dirigidas ao público. Em algum lugar deve estar um quadro negro, visível para todos. Durante o julgamento, o Bispo, o Inquisidor e a Superintendente, que toma notas com furor, intercalam cochichos, sorrisos. Folheiam muitos papéis que trazem nas mãos.

Bispo (*para o público*): O Deus de que vos falo não é um Deus de afagos.

Inquisidor: É mudo.

Bispo: Está só.

Inquisidor: E sabe da vileza do homem.

Bispo: E no tempo contempla o ser que assim se fez: O Homem. (*pausa*)

Inquisidor (*irônico*): É difícil ser Deus.

Bispo (*amável*): As coisas O comovem.

Inquisidor (*ameaçador, apontando o público*): Mas não da comoção que vos é familiar.

Bispo (*sarcástico*): Essa que vos inunda os olhos (*apontando América com bastante ironia*) quando o canto da infância se refaz. (*pausa*)

Inquisidor (*suave, íntimo, contínuo*): A comoção divina não tem nome.

Bispo (*suave, íntimo, contínuo*): O Nascimento...

Inquisidor (*suave, íntimo, contínuo*): A Morte...

Bispo (*suave, íntimo, contínuo*): O martírio do herói...

Inquisidor (*suave, íntimo, contínuo*): Vossas crianças claras sobre a laje.

Bispo (*com pretensa piedade*): Vossas mães no vazio das horas... (*pausa*)

Inquisidor (*imperativo*): E devereis amá-Lo se eu vos disser sereno, sem cuidados, que a comoção divina, contemplando se faz.

Os Dois Juntos (*apontam-se*): O Homem. O Homem diviniza-se. (*pausa. Sentam-se. Folheiam os papéis com lentidão enquanto a Superintendente se prepara para tomar notas*)

Bispo (*seco*): Estamos aqui para ouvi-la, moça. Por que se modificou? De início, como foi constatado junto às postulantes e às outras jovens, o seu pensamento era belo, novo, racional. Suas dúvidas foram um dia as nossas, mas o homem resolveu os mistérios aparentes.

Inquisidor (*moderado*): Sua conduta, América, foi de início tão coerente com as nossas atualíssimas proposições que lhe foi concedido o cargo de vigilante de sua classe. E então... por que se modificou? (*pausa*)

América articula sons inaudíveis.

Bispo: Assim nada se escuta. Eu não ouvi nada, moça. O que foi que você disse? Fale alto, fale alto.

AMÉRICA (*suave, mas com gravidade*): Senhor, eu digo que agora eu compreendo.

BISPO: Compreende o quê?

AMÉRICA: Que eu talvez não saiba como dizer. Eu digo que agora eu sei que existe... o mistério. O imponderável.

INQUISIDOR (*firme*): Mas aí é que está o seu erro. Não há mistério nem imponderável algum.

AMÉRICA: Eu quero dizer... que algumas verdades... essas que são imutáveis...

INQUISIDOR (*com estranheza*): Verdades imutáveis? (*tom pouco cordial e cansado*) Pois tornaram-se mutáveis e racionais. O homem pensa, minha amada filha. É preciso não enganá-lo, não subestimá-lo.

AMÉRICA (*branda, para o Inquisidor*): Mas quando falávamos, Monsenhor...

BISPO (*interrompe, objetivo*): O que era Monsenhor acreditou em você. Confiou. Esperava que a sua atitude continuasse coerente. Ainda não entendeu? Seus pequenos castigos eram aparentes, tinham como finalidade provar a força do seu intelecto. (*olha para todos, com brandura*) Era brilhante... brilhante. De uma certa forma podemos nos alegrar, porque o colégio agora é novo, não é mesmo Irmã?

Superintendente: Sim, Reverendíssimo.

Inquisidor (*moderado, para América*): Bem. Mas foi preciso saber se você era na verdade uma reformuladora consciente.

América: Eu não compreendo.

Bispo (*irritado*): Moça, não se faça de louca. No seu caso não terá sucesso. Como não compreende? Você foi o nosso termômetro. Por seu intemédio soubemos que era o momento de agir.

América: Mas eu fui tola... querendo desvendar o onisciente...

Inquisidor (*depreciativo*): Todos esses oni agora estão ultrapassados... onisciente, onipresente...

América (*tom apaixonado mas calmo*): Senhor, eu sei que não é assim. Os senhores querem me provar novamente, não é? Mas eu juro... meu peito está abrasado de amor e eu acredito no Anjo, na Anunciação e na Grande Senhora que foi Virgem antes do parto, no parto e depois do parto, na ressurreição...

Bispo (*esgotado*): Ah, esses delirantes sinais de fé.

América (*firme*): São objetos de fé, senhor.

Inquisidor (*tom quase burlesco*): Objeto... é o concreto.

Superintendente (*indignada*): Que heresias ela diz. Será um caso de prima facie. Grave.

Bispo: Não fique exaltada, Irmã. (*para América, aparente amabilidade*) Moça, é tudo tão simples de entender. Primeiro: Jesus foi filho de Maria e de José, assim como você é filha de sua mãe e de seu pai. Tão claro. Transparente.

América (*firme e apaixonada*): Eu sei que não foi assim, senhor. Um anjo disse a Maria: "Eu vos saúdo, cheia de graças, o Senhor é convosco. Bendita sois vós entre todas as mulheres. Dareis à luz um filho. Ele terá o nome de Jesus. Será chamado o filho do Altíssimo". E ela respondeu: "Como poderá isso acontecer se não conheço homem algum". E o anjo continuou: "O Espírito Santo descerá sobre vós. O poder do Altíssimo cobrir-vos-á com a sua sombra. Ele será chamado filho de Deus".

Bispo (*desgostoso*): Oh, as trevas que podem descer sobre a cabeça das gentes.

América (*com humildade e candura*): Eu não compreendo, senhor. Eu não compreendo. Vamos orar juntos para que Deus me faça entender? Em nome do Pai, do Filho e do Espírito...

Inquisidor (*interrompendo*): Isso também não é verdade.

América: O quê, senhor?

Inquisidor: Essa trindade. Deus é um.

Bispo (*com ironia*): E você já viu um ser três?

América (*grave, sem medo*): Mas o Deus é um, senhor. Três vezes santo.

Inquisidor (*irritado*): É preciso que você se explique. Isso não quer dizer nada.

América: Eu não posso pôr em palavras o mistério. Posso apenas dizer que tenho corpo e alma e sou uma só, mas...

Inquisidor: E você pode dizer que o corpo é a alma e a alma é o corpo?

América: Não senhor. Eu não posso dizer isso... posso apenas dizer que uma flor tem muitas pétalas mas é uma, assim como eu tenho braços e pernas, e meu corpo é um, mas a unidade tríplice que me perguntam é indivisível.

Bispo (*com desdém*): É o nada então.

Inquisidor: E falar do nada, é nada.

América: Mas eu não posso falar do mistério com a linguagem que conheço.

Bispo (*frio*): Mas no nosso tempo tudo é claro, demonstrável.

Inquisidor: Bem o disseste, Reverendíssimo. Demonstrável.

Superintendente: Natural, natural.

Inquisidor (*solícito, com ironia bem oculta*): Olhe, minha filha, você não seria capaz de fazer uma demonstração lúcida desse seu... mistério? Isso poderá salvá-la. Quem sabe uma equação...

América: Não senhor... eu não seria capaz... eu não poderia.

Bispo: Mas a fé não faz milagres? Não faz milagres? Vamos, vamos. O quadro negro.

América (*com estupefação*): Mas não há coisa alguma que se pareça a essa trindade, senhor.

Inquisidor (*sorrindo maligno*): Peça ao Pai, ao Filho e ao Espírito... Santo.

Bispo (*irritado*): Vamos, vamos, como é lerda.

Superintendente levanta-se e empurra América até o quadro negro.

América (*lenta, assombrada*): Uma ideia de Deus? (*angustiada*) Uma ideia de Deus?

Bispo (*firme*): Uma ideia do (*acentua*) "Teu" Deus. (*pausa*)

Superintendente, Inquisidor e Bispo cochicham e riem algumas vezes moderadamente.

AMÉRICA (*em intensa comoção, lenta, voz aumentando gradativamente*): Seria clara como coisa... se sobrepondo a tudo que não ouso. Seria clara como coisa... sob um feixe de luz num lúcido anteparo. Seria... ouro e aro na superfície clara de um solário. (*pausa*)

INQUISIDOR (*entusiasmado*): Vamos. Ousa.

AMÉRICA (*como uma iluminada*): E o mais fundo de mim, me diz apenas: canta, porque à tua volta é noite. O Ser descansa... (*pausa*)

BISPO (*para a Superintendente e o Inquisidor*): Ela não traçará nada. Nem explicará nada. É inútil.

INQUISIDOR (*para América, exaltado*): Nós pedimos uma demonstração evidente dessa sua fantasia.

BISPO (*nervoso*): Nada de transcendências.

AMÉRICA (*levantando a voz*): Eu falarei com os mortos? Estão mortos esses que me veem?

SUPERINTENDENTE (*levantando-se indignada*): Estamos todos bem vivos, América. Não é você que está cega?

AMÉRICA (*com humildade mas firme*): Senhora, o meu olhar pode ver o mais fundo das coisas.

BISPO: Nada de grandes frases.

INQUISIDOR: Nem de evasivas, hein.

AMÉRICA (*febril*): A madeira dessa cruz que ostentais no peito, será igual à madeira deste banco ou desta cadeira onde me acusais? Será igual?

INQUISIDOR: Nós somos aqueles que perguntam, moça. E você é aquela que responde. Vamos, à lousa.

BISPO: À lousa, depressa, depressa.

AMÉRICA: Eu não posso, senhor.

INQUISIDOR: Ora, ora, não pode... Vamos. (*joga um giz para América*) Aqui está um giz para suas grandes demonstrações. (*pausa*)

AMÉRICA (*lenta e como uma iluminada*): Se a mão se fizer de ouro e aço...

BISPO (*sarcástico*): Começou com o impossível...

AMÉRICA (*tom anterior*): Desenharei o círculo. (*desenha um círculo grande e malfeito*)

INQUISIDOR (*rindo*): E isso é um círculo?

AMÉRICA (*tom anterior*): E dentro dele... o equilátero. (*América desenha dentro do círculo um triângulo equilátero*)

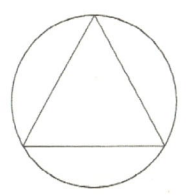

Bispo (*rindo*): E isso é um equilátero?

Risos.

América (*solene, grave, mas sem qualquer pedantismo*): E se a mão não puder, hei de pensar o Todo sem o traço. (*aqui a figura perfeita deve ser projetada no quadro, por meio de um slide*) E se o olhar a um tempo se fizer sol e compasso... Esfera (*contorna o círculo*) e asa... (*América aponta os lados laterais do triângulo*) Una... (*América contorna novamente a esfera*) Tríplice... (*América contorna os três lados do triângulo*) e infinita. (*pausa*)

Superintendente: Insolente... e tola como ninguém.

Bispo (*sarcástico*): E é essa a sua demonstração de um Deus em comitê?

Superintendente (*irônica, sorrindo*): Feérico e delirante, não, Reverendíssimo?

Bispo (*voz baixa para o Inquisidor, muito grave*): Nem as crianças nem os loucos falam assim.

Inquisidor (*para o Bispo, enfastiado*): Ela deve sofrer de autismo.

Bispo: Autismo... autismo... hum.

Inquisidor: É quando alguém se desliga da realidade, do mundo exterior.

BISPO: Hum... Autismo, autismo. (*pausa*)

SUPERINTENDENTE (*para o Bispo*): Será que não seriam convenientes alguns cursinhos? Nós reuniríamos todos e...

BISPO: Arriscado. Extremamente arriscado... A senhora veja: há certos pirilampos que simulam sinais luminosos de comunicação, sinais característicos de outra espécie. E assim conseguem atrair seus quase irmãos e... os devoram.

SUPERINTENDENTE (*enojada*): Um pirilampo... carnívoro?

BISPO: Sim... quase isso.

INQUISIDOR (*confidencial*): Mas será lícito?

BISPO: O quê?

INQUISIDOR: Existir essa espécie de pirilâmpica?

BISPO (*sorrindo, com algum pedantismo*): A natureza é tão artificiosa...

INQUISIDOR (*levanta-se e encaminha-se para o quadro negro*): Artificiosa é América. Eis agora uma demonstração lúcida, isenta de mistérios. Esta: (*escreve no quadro negro*)

$$T = C$$
$$C = T$$

E isso quer dizer: Trabalhar para comer, comer para trabalhar. E estas duas essencialidades (*faz um círculo ao redor da fórmula*) serão moldadas numa única essencialidade vigorosa (*faz outro círculo ao redor do primeiro*)... Esta: A Técnica. (*escreve técnica no quadro negro e faz uma seta*)

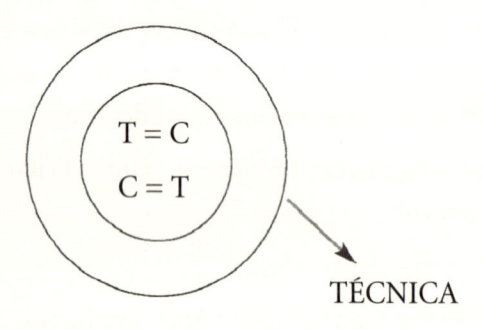

$$T = C$$
$$C = T$$

TÉCNICA

O Inquisidor volta a seu lugar.

Bispo (*enfastiado*): Bem, bem. Tudo isto se arrasta em demasia para o meu gosto. (*pausa*) Senhor Inquisidor... qual seria uma solução justa?

Inquisidor (*com indiferença*): A morte não poupa os melhores.

Bispo: Não considero eficiente a sua sugestão. (*sorri*) Às vezes, uma galinha pode parir um cisne.

Inquisidor: Hum... compreendo. Esperar... e talvez aproveitá-la... não é isso? E que método o senhor sugere?

Bispo: Nós a recompensaríamos se ela ficasse passeando nos nossos jardins... passeando e pensando, passeando e pensando. Uma natureza imaginosa pode de repente descobrir coisa nova.

Inquisidor: Ela não falaria com ninguém, logicamente.

Bispo: Claro, claro, isso nunca. Mas haveria relatórios diários. Seriam anotados e enviados ao senhor. Todas as tardes uma exposição completa das ideias daquele dia.

Inquisidor: Um pirilampo carnívoro... pensando. Não tenho muita confiança. (*pausa*)

Bispo (*a ideia lhe ocorre de súbito*): Poderia devorar-se a si mesmo?

Inquisidor: Se isso acontecesse, nós perderíamos tempo... e numerário.

Bispo: Mas o teoremazinho foi...

Inquisidor (*interrompendo*): Primário, Reverendíssimo. Aquilo tudo é muito velho.

Bispo: Mas com nova explicação.

Inquisidor: Uma ideia de Deus, Reverendíssimo, tão irreal... (*burlesco*) fosforescências do pensamento inapreensível.

Bispo: Bem, pouco a pouco chegaremos à precisão. E oferecendo certas condições agradáveis a essas criaturas extravagantes, de repente... um argumento válido, uma nova descoberta.

Inquisidor: Temerário. Já houve ideias que nos irritaram bastante, o ponto ômega que vai subindo, subindo até não se sabe onde.

Bispo: Mas, quem sabe, uma chamazinha não muito alta... Certas potencialidades ainda não captadas, quero dizer, ainda não registradas... ela é jovem, pode de súbito adquirir eficiência... pensante.

Inquisidor: Um coração ardente... com eficiência?

Bispo: Bem, bem, temos que chegar a uma conclusão, senão será preciso recorrer ao Supremo. Vamos, pensemos. (*pausa*) O jejum?

Inquisidor: Ora que bobagem, que bobagem. Começará a ter visões. (*pausa*)

Bispo: O exílio?

Inquisidor: Não, não, é melhor que ela fique à vista.

Superintendente: A flagelação?

Bispo: Mas por favor, Superintendente... aí sim é que ela pode subir aos céus. Que tolices. (*pausa.*

Tom reconciliatório) Moça América: se confessar a sua culpa, se se retratar, a sua situação pode adquirir um novo aspecto. Lembre-se minha filha: aqui não é um tribunal qualquer. Queremos a sua salvação. (*pausa longa*)

América fica em silêncio.

INQUISIDOR: Levante-se.

AMÉRICA (*calma*): Eu vou morrer, senhor?

INQUISIDOR: Ofereça-nos uma grande vantagem para que isso não aconteça.

AMÉRICA (*lentamente*): Ofereço-vos minha mão aberta. Queimada de uma luz tão viva como se ardesse viva sob o sol. Olhai se possível a mão que se queimou de coisas limpas. E se souberdes o que em vós é justiça, podereis refazê-la à imagem de vossa mão. E depois igualada, aproveitá-la a cada hora. A cada hora e...

INQUISIDOR (*interrompe, com alguma insegurança*): Aproveitá-la... será mesmo uma boa ideia?

BISPO: Pois eu não sugeri, senhor Inquisidor?

INQUISIDOR (*desanimado*): Mas de que forma aproveitá-la, de que forma? Com as asas que tem.

BISPO (*um pouco magoado*): Eu fiz uma boa sugestão: os jardins. Mas o senhor não a apreciou devidamente. Pense noutra então. E, por gentileza, rápido, se me faz o favor.

Inquisidor: Um aproveitamento eficiente e concreto é bem da competência do poder temporal. Eles têm sempre ótimas ideias. E para os casos assim são primorosos.

Bispo: E o poder temporal não é representado pelo colégio?

Inquisidor (*cansado*): Pela empresa, pela empresa, Reverendíssimo.

Bispo: A empresa, o colégio, o instituto, e logo mais haverá uma só palavra para tudo. Será a síntese, meu amigo.

Inquisidor: Irmã Superintendente, por favor, queira aproximar-se.

Todos ficam de pé.

Inquisidor (*continuando solene*): Nós entregamos à senhora, neste ato, com especial cuidado, a moça América. (*luz diminuindo gradativamente*) E pedimos clemência.

Bispo: Benignidade.

Luz continua diminuindo gradativamente. A Superintendente aproxima-se de América. Inquisidor e Monsenhor, estáticos. Semiobscuridade.

AMÉRICA (*grave e comovida*): Sendo quem sou, em nada me pareço. Sendo quem sou, não seria melhor ser diferente, e ter olhos a mais, visíveis, úmidos, ser um pouco de anjo e de duende? (*pausa. Escuro total. Voz muito alta e apaixonada*) Ah, boca de uma fome antiga, rindo um riso de sangue. Se pudésseis abri-la para cantar meu canto.

Sexta Cena

Luz em resistência no plano C, onde está a caixa de Eta e Dzeta, que fazem ruídos débeis, descompassados, e as Cooperadoras-chefes, que estão vestidas com roupa de laboratório.

PRIMEIRA COOPERADORA: Ela vai chegar agora.

SEGUNDA COOPERADORA: Daqui a pouco, segundo consta.

PRIMEIRA COOPERADORA: Você a considera recuperável?

SEGUNDA COOPERADORA: É um caso de exceção. Mas há grandes possibilidades. A sentença foi muito... muito humana. Um voto extremo de confiança. Conosco ela estará bem, e como vigilante de Eta e Dzeta irá pouco a pouco se adaptando. Vai sobreviver.

Primeira Cooperadora: E se ela não desejar?

Segunda Cooperadora: O quê? Sobreviver? Claro que ela desejará sobreviver. De início fará o seguinte raciocínio: eu preciso continuar existindo assim como sou, para que Eta e Dzeta fracassem. Você sabe como é, a postura do herói, tenacidade... sacrifício. Depois, lentamente, as duas pequenas coisas a conquistarão. E ela continuará existindo... mas conquistada.

Primeira Cooperadora: A outra equipe fez o bastante para melhorar Eta e Dzeta na aparência. Apesar de que eu, pessoalmente, não julgava necessário.

Segunda Cooperadora: Ah, muito necessário sim. No caso de América é imprescindível que logo de início ela goste das pequenas coisas. Sabe, o que chamávamos antigamente de afeto. E a única maneira de segurá-la no posto por enquanto.

Primeira Cooperadora: Olhe bem. (*tom brando*) Você acha que elas estão melhor assim?

Segunda Cooperadora: Muito. Como eles foram delicados. Veja, até pintaram aquela segunda garra de Dzeta.

Primeira Cooperadora: Se América não se recuperar num prazo razoável, talvez Eta e Dzeta...

Segunda Cooperadora (*olhando atentamente para dentro da caixa*): Pobrezinhas, estão mal. (*pausa*) Eu não queria te dizer, mas observei sabe o quê? (*pausa*) Contrações.

Primeira Cooperadora: Chegaram a isso? Mas não deveria acontecer. Temos tido tanto cuidado... e a luz tem sido intensificada todos estes dias.

Segunda Cooperadora: Esse abatimento acentuado de Eta e Dzeta é bem surpreendente.

Primeira Cooperadora: Surpreendente... sim... mas não podemos nos esquecer que América é fanática, fanática, minha amiga.

Segunda Cooperadora: Mas assim chegamos à conclusão de que Eta e Dzeta não só acusam as oscilações da consciência, mas também a intensidade do conflito. Ora, isto não estava previsto.

Primeira Cooperadora: E poderá ser chamado de alienação.

Segunda Cooperadora: Tanto assim?

Primeira Cooperadora: Ora, uma coisa que foi construída, racionalmente, não pode ultrapassar a intenção daquele que a construiu e tomar vida própria.

Segunda Cooperadora: Mas veja: se América, assim que assumir o posto, fizer uma ação compensatória, é quase certo que Eta e Dzeta resistam a esse terrível abalo.

Primeira Cooperadora: Mas alguma coisa não está certa. Isso que aconteceu não podia acontecer. Nós poderíamos aperfeiçoar todo o mecanismo e Eta e Dzeta acusariam não somente as asas do espírito, não somente a intensidade do conflito, como verificamos, mas poderiam influir no âmago, na medula de todo aquele...

Segunda Cooperadora (*interrompe*): Como assim?

Primeira Cooperadora: Assim: arrancariam de imediato as asas do espírito, nivelariam a consciência, e dariam total equilíbrio de conduta.

Segunda Cooperadora: Você quer dizer que poderíamos ampliar... o núcleo da ação?

Primeira Cooperadora: Que tal?

Segunda Cooperadora: Olha, ela está chegando. Agora é preciso muito cuidado com Eta e Dzeta.

Primeira Cooperadora (*preocupada*): Uma aproximação demasiado perigosa.

Entram América e a Irmã Superintendente. América usa a mesma roupa das Cooperadoras-chefes.

Superintendente (*para América, atitude maternal*): Aqui você estará bem, minha amada filha. E aos vossos cuidados, senhoras Cooperadoras.

Segunda Cooperadora: Pode ficar tranquila, Irmã Superintendente. Tudo será feito para reintegrar América.

Superintendente: Sim... mas não é só isso que a Cúpula deseja. Desejamos antes de tudo que ela continue com alguma coisa que ainda tem.

Segunda Cooperadora: Uma troca de substância.

Primeira Cooperadora: Uma transmutação às avessas.

Superintendente: Bem, isso é com as senhoras.

A Superintendente chama à parte a Primeira Cooperadora, enquanto a Segunda coloca América sobre uma cadeira giratória, de metal, muito alta, em frente da caixa onde estão Eta e Dzeta. Faz preparativos em América, alguns retoques, assim como as modistas fazem nas noivas, enfim, é gentil e amorosa. Talvez, se América viesse vestida de noiva, seria bastante apropriado. O ruído de Eta e Dzeta torna-se mais débil com a presença de América.

SUPERINTENDENTE (*com alguma cautela*): Sabe o que ela foi capaz de dizer ao senhor Inquisidor?

PRIMEIRA COOPERADORA: Nós temos relatórios completos.

SUPERINTENDENTE (*seca*): Mas isto não constou dos relatórios.

PRIMEIRA COOPERADORA: Ela disse alguma coisa que não consta dos nossos relatórios? Isso me parece grave.

SUPERINTENDENTE (*seca*): Cale-se. Nem tudo é para o olho de todos.

PRIMEIRA COOPERADORA: Mas se não tivermos todos os dados... a senhora deve compreender... aqui, cada detalhe é da maior importância.

SUPERINTENDENTE: Justamente por isso vou lhe dizer o que não constou dos relatórios. (*a Superintendente tira do bolso um papel e lê, enquanto a Cooperadora toma nota*) Ela disse: (*tom objetivo*) "Sendo quem sou, em nada me pareço. Sendo quem sou, não seria melhor ser diferente, e ter olhos a mais, visíveis, úmidos, ser um pouco de anjo e de duende?".

PRIMEIRA COOPERADORA: Anjo e duende? Gravíssimo. Talvez ela seja irrecuperável.

SUPERINTENDENTE: Mas veja bem, ela disse "não seria melhor", e não afirmou que é alguma dessas coisas.

PRIMEIRA COOPERADORA: De qualquer forma é uma proposição bastante inquietante.

SUPERINTENDENTE: Tenho absoluta confiança nas senhoras. (*pausa*) Poderá entender o que eu vou lhe dizer agora? (*referindo-se à América*) Será difícil encontrar alguém com tanta vocação para a liderança.

PRIMEIRA COOPERADORA: Enquanto falamos, talvez alguém, como a senhora deseja, esteja nascendo.

SUPERINTENDENTE (*seca*): Cooperadora... ela disse mais.

PRIMEIRA COOPERADORA (*muito preocupada*): E... também não consta dos relatórios?

SUPERINTENDENTE (*cautelosa*): Não. (*pausa*)

PRIMEIRA COOPERADORA: Vejamos, Irmã.

Superintendente entrega um papel à Cooperadora.

Primeira Cooperadora (*lendo com muita estranheza, como se fosse um texto indecifrável*): "Ah, boca de uma fome antiga, rindo um riso de sangue. Se pudésseis abri-la para cantar meu canto". (*pausa. Fixa a Superintendente*) E que canto será esse?

Superintendente (*muito objetiva*): A sua tarefa, Cooperadora, é fazer com que América deseje ardentemente cantar (*acentua*) "o nosso canto". E cantar com tamanha intensidade como se ela o tivesse inventado. (*sai*)

A Primeira Cooperadora aproxima-se de onde está América e retira do bolso um pequeno bloco onde tomará notas. A Segunda Cooperadora está neste instante examinando América, tomando a pulsação e examinando o coração com um estetoscópio.

Primeira Cooperadora (*para a Segunda Cooperadora*): Então... seu diagnóstico preliminar?

Segunda Cooperadora (*com alguma ironia*): Bem... um coração ardente.

Primeira Cooperadora: E a pulsação?

Segunda Cooperadora: Um pouco acelerada, mas é tão normal num caso assim.

Primeira Cooperadora: Ela já pode começar?

Segunda Cooperadora: Imediatamente. Eta e Dzeta estão em péssimo estado.

Primeira Cooperadora: Então comece. Rápido.

Segunda Cooperadora: América, daqui por diante você tomará conta das pequenas coisas. Chamam-se Eta e Dzeta. Vê como são bonitas... (*com melosidade na voz, e um certo tom burlesco*) brilhantes, veludosas, não te vêm à cabeça os brinquedos de antes, de pelúcia? E ao mesmo tempo que ritmo, que astúcia nesse caminho... vê só... de ida e volta. E que graças nas garras, que brilhosa aquela segunda garra esmaltada de rosa. América, toda essa sutileza, essa fina apreensão de Eta e Dzeta, nós devemos à técnica. E essa delicada aparência, esse existir astuto e moderado, tem infinitas conotações éticas e estéticas. E... bem, o mecanismo é aparentemente simples, mas que complexidade nisso de devorar a luz dos outros (*América dá sinais de extrema perturbação, percebe-se que ela está em agonia. Isso não é notado pelas Cooperadoras, porque a segunda está encantada com o próprio discurso, e a primeira encantada em ouvi-lo*)... e existir através de alheias luminosidades. Se há luz (*toca o próprio peito*) aqui por dentro, Eta e Dzeta devoram... (*sorri*) mas só por um momento. Em seguida, transformam o teu pretenso vulcão em sábio entendimento. E há coesão, harmonia, surpreendente limpeza, e mais: (*com rigidez*) No fundo dessas carapaças quase imateriais, há o poder de impulsionar e dirigir seguidas gerações. (*América imobiliza-se. Está morta. O ruído de Eta e Dzeta começa gradativamente seu ritmo normal*) Não é magnífico que a cabeça do homem tenha conseguido com tanta liberdade inventar algo que substitua sua própria cabeça?

A Segunda Cooperadora, ainda muito maravilhada com as palavras que acabou de pronunciar, maravilha-se ainda mais quando percebe que o ruído de Eta e Dzeta está intenso e perfeito. Então olha para América, e em seguida para a Primeira Cooperadora, com evidente encantamento.

SEGUNDA COOPERADORA (*tom neutro*): Ela morreu. (*pausa. Maravilhada e para a Primeira Cooperadora*) Olha... Eta e Dzeta começaram de novo. Salvaram-se.

PRIMEIRA COOPERADORA (*aliviada*): Como é bom ouvir esse ruído novamente.

SEGUNDA COOPERADORA: Muito, muito bom. Tudo deu certo.

Primeira Cooperadora: Sim... apenas a Irmã Superintendente...

Segunda Cooperadora: Ah, a nossa querida Irmã. Mas eu posso compreendê-la. (*olhando América*) Um pirilampo carnívoro tem às vezes um certo fascínio. Bem. Vá avisar a diretoria.

A Primeira Cooperadora sai, a Segunda empurra a cadeira de América, dando-lhe um violento movimento rotatório. Coloca as mãos sobre a caixa onde estão Eta e Dzeta, com expressão extasiada.

Segunda Cooperadora: Engenhoso... muito engenhoso.

Ruídos de Eta e Dzeta continuam cada vez mais intensos.

FIM

O NOVO SISTEMA
(1968)

Personagens (oito)

Menino: 13 anos.

Mãe: Jovem.

Pai: Jovem.

Menina: 15 anos.

Escudeiro 1

Escudeiro 2

Escudeiro 3

Escudeiro Positivo

Dois Físicos (*que podem ser dois Escudeiros*)

O escudeiro-Mor (*que pode ser um dos Escudeiros*)

O pipoqueiro (*que pode ser um dos Escudeiros*)

Cenário

Uma praça. Chão com aparência de pedra. Banco de pedra, sem encosto. No fundo, ao centro do palco há um enorme triângulo equilátero que pode ser feito de material leve, imitando pedra. Em cada um dos seus lados há a seguinte frase impressa em letras pretas: ESTUDE FÍSICA. Em frente ao triângulo, lateralmente, dois postes. Em cada poste há um homem amarrado (dois bonecos), de costas para o público. O triângulo tem um movimento lento, giratório. Deve manter esse movimento durante toda a peça. O aspecto geral da praça é de extrema gravidade. Os dois bonecos, amarrados nos postes no início da peça, estão vestidos apenas com calças e camisa branca. Os segundos bonecos estarão vestidos como um padre e um bispo, conservando a mitra do bispo, os terceiros bonecos estarão vestidos como o pai e a mãe do menino.

Cortinas Fechadas. Luzes apagadas.

Em 1939, Edwin Bovan escrevia a Arnold Tonybee: "Não penso que o perigo que enfrentamos seja o da anarquia, mas sim o despotismo, a perda da liberdade espiritual, o estado totalitário universal, talvez. Então o mundo poderia entrar em um período de petrificação espiritual, uma ordem terrível, que para as altas atividades do espírito humano seria a morte. Em tal estado totalitário, parece-me possível, enquanto murchassem a filosofia e a poesia, que a pesquisa científica poderia continuar com descobertas sempre novas".

Vozes das crianças: He! Ha! (*algumas vezes. As exclamações devem ser ditas aspiradas, objetivas mas com grande entusiasmo. Algum tempo. Cessam as vozes das crianças.*)

Voz do Escudeiro-Mor: A coletividade deve abrir a página 208 do livro *A evolução da física*, de Albert Einstein e Leopold Infeld.

Vejamos: Consideremos uma muralha construída ao longo da orla marítima. As ondas do mar castigam continuamente a muralha, desgastam um pouco de sua superfície, recuam e deixam o caminho livre para as que vêm a seguir. A massa da muralha diminui e podemos perguntar o quanto é careado, digamos em um ano. Mas imaginemos agora um processo diferente. (*voz violenta*) Atiramos contra a muralha, rachando-a nos pontos em que as balas a atingem. (*voz normal*) A massa da muralha será diminuída e bem poderíamos imaginar que a mesma redução de massa seja conseguida nos dois casos. Mas poderíamos, e isso é importante, pela aparência da muralha (*voz violenta*) determinar se esteve agindo a onda contínua do mar, ou chuva descontínua de balas. Será útil à compreensão dos fenômenos que estamos prestes a descrever, termos em mente a diferença entre as ondas do mar e a chuva descontínua de balas. A coletividade compreendeu?

Vozes das crianças: He! Ha!

Voz do Escudeiro-Mor: Página 53: temos um vaso fechado por um êmbolo que pode deslocar-se livremente. O vaso contém uma certa quantidade de gás que deverá ser mantida a uma temperatura constante. Se o êmbolo estiver, inicialmente, em repouso em alguma posição, poderá ser movido para cima, retirando-se o peso, ou para baixo, acrescentando-se o peso. (*voz violenta*) Para empurrar o êmbolo para baixo deve ser empregada força (*destacando*) agindo contra a pressão interna do gás. (*voz normal*) Primeira pergunta: qual é o mecanismo dessa pressão interna, de acordo com a teoria cinética? Segunda pergunta: qual é o mecanismo dessa pressão interna de acordo com o Novo Sistema? A coletividade compreendeu?

Vozes das crianças: He! Ha! (*três vezes*)

Voz do Escudeiro-Mor: Página 17: todo corpo permanece em seu estado de repouso ou de movimento uniforme em linha reta. (*voz violenta*) se não for obrigado a mudar de estado por forças nele aplicadas. Se não for obrigado a mudar de estado por forças neles aplicadas. A coletividade entendeu?

Vozes das crianças: He! Ha! (*três vezes*)

Voz do Escudeiro-Mor: Uma força imprimida é uma ação exercida sobre um corpo a fim de modificar o seu estado. (*lentamente*) A força consiste somente na ação. (*destaca*) Ação. (*pausa*) E tudo isso quer dizer no Novo Sistema... tudo isso quer dizer...

Início da Peça.

Mãe do Menino chegando na praça. A Mãe está com capa de chuva. O Menino está com o unifor-

me do Novo Sistema: blusa branca com botões, calça preta. Tem aspecto militarizado mas não deve lembrar ostensivamente nenhum uniforme atual. A mãe traz o casaco do filho num dos braços. E um casaco branco também militarizado. O Menino segura um boné numa das mãos. No boné há um emblema: uma caixa preta com a tampa levantada.

Mãe: Ainda bem que parou a chuva. Vamos esperar o seu pai nesta praça. (*pausa*)

Menino (*olhando com demasiada insistência para os homens amarrados no poste*): Mãe, eles estão amarrados, não é?

Mãe (*puxando o Menino com firmeza*): Põe o teu casaquinho. Vai começar a fazer frio. (*ajuda o Menino a vestir o casaco*)

Menino (*olhando para os homens amarrados. Está angustiado*): Eles podem ficar assim, o tempo todo, sem comer?

Mãe: Quando papai chegar você vai contar que ganhou a nota mais alta de física do seu bloco, não é?

Menino (*lentamente olhando os homens amarrados*): E sem beber?

Mãe (*tentando sempre mudar de assunto*): É incrível... Eu sempre pensei que você se sairia melhor na literatura... No conto, na poesia... (*suspira*) Nunca me esqueço da sua primeira estorinha. Foi a única coisa que eu consegui decorar na minha vida.

MENINO (*olhando para os homens amarrados. Angustiado*): O tempo todo, até mesmo sem pensar? Sem comer? Sem beber?

MÃE: Era uma estória muito boa. Eu sei inteira de cor. Eram dois homens, não é? Um mais velho e outro mais moço. Veja se está certo. Olhe para mim. (*o Menino olha para a Mãe e abaixa a cabeça*) Começava assim: (*a mãe ilustra a estória grotescamente. Fala com duas vozes masculinas, uma voz mais grave e a outra com a voz de um adolescente. Voz grave*) Você me lembra alguém... Agora me lembrei: Lázaro, Lázaro. Lógico. (*voz de adolescente*) Mas você alguma vez já viu o rosto de Lázaro? (*voz grave*) Não importa. Sei que você se parece a Lázaro. (*voz normal*) A tarde era de águas. E o homem e o adolescente caminhavam depressa. Agora tudo era mais espesso. O ar muito grosso, o chão coberto de folhas gigantescas, lixo, pássaros, muitos pássaros mortos, tudo lixo. (*voz grave*) Toma. (*voz normal*) Tirou do bolso um pedaço de carne. (*voz grave*) Come. (*voz de adolescente*) Carne! Nunca! Ainda que eu tivesse de comer as folhas espremidas deste chão. (*voz grave*) Bem, se não comemos, é melhor jogá-lo fora... (*voz adolescente*) O importante é chegar... você não vê... noutro lugar. Corre, corre. (*voz normal*) Eles fugiam, fugiam, tentavam correr, e viram de repente aquelas mulheres velhas perto dali. As velhas colocavam as plumas nas pequenas armações. (*voz adolescente*) Serão asas o que elas constroem? Hein? (*voz grave*) Claro! Claro! Você nunca viu? São asas para a procissão. (*voz adolescente*) A procissão? Meu Deus! (*voz grave*) Pois é. Precisamos sair a tempo. Amanhã vários homens serão mortos e essa é a única regalia que o chefe concedeu. Enquanto eles caminham para a morte as mulheres velhas podem colocar as asas nos coitados. Dizem que, assim, esses que vão morrer terão mais chances. (*voz adolescente*) Chance? Chance? Não entendi. (*voz grave*) O chefe disse que com as asas há chance de subir ao céu. (*a mãe está muito emocionada. Ri. Suspira*) Ah, que bela estória, que humor! (*beija o Menino*) E você ainda era tão pequeno! Como é que você pôde se lembrar dessas coisas? Tão pequeno!

MENINO (*triste. Lentamente*): Eu não me lembro de nada. (*olha para os homens amarrados*) Não me parece justo que façam isso com os homens.

Mãe (*com alegre ironia*): Mas foi você mesmo quem escreveu.

Menino: Eu falo desses homens, esses aí que estão amarrados.

Mãe: Ora, mas que insistência, menino. (*puxa o Menino para perto de si*) Ainda bem que a praça está deserta. Olha, senta aqui. (*senta-se no banco*) Vamos ver se você está mesmo firme na física.

Menino (*aborrecido*): A minha nota não foi a mais alta? Então.

Mãe: Ah... mas é sempre uma satisfação para a mãezinha comprovar as qualidades do seu filhinho. Quero ver... (*fica em dúvida sobre o que vai perguntar para o Menino*) Bem... eu na física ainda não sei bem por onde começar... (*pensa mais um pouco*) A matéria?

Menino: Ora, mamãe.

Mãe: Mas a matéria não é o começo da física? Não se estuda a matéria? Pelo menos que eu me lembre...

Menino (*interrompendo aborrecido*): Já sei, mamãe, do que você se lembra: "Matéria atrai matéria na razão direta das massas e inversa do quadrado das distâncias".

Mãe: É isso! É isso mesmo! E eles continuam a falar dessa forma tão complicada?

Menino (*aborrecido*): Como complicada, mamãe?

Mãe: Razão direta das massas... inversa dos quadrados...

Menino: Cada um fala a sua própria linguagem, não é?

Mãe: Bem, eles podiam ser um pouco mais claros.

Menino (*olhando fixamente os homens*): Foi o que eles foram? Mais claros? Falaram abertamente? Foi isso? Foram mais claros.

Mãe: Quem?

Menino: Os homens amarrados.

Mãe (*puxando o Menino*): Oh, senhor! Põe também o seu chapeuzinho. (*tira o chapeuzinho das mãos do Menino e o coloca na cabeça do Menino. No chapeuzinho há um emblema que é a figura de uma caixa preta com a tampa levantada*) O que é isso?

Menino (*indiferente*): Esse é o emblema daqueles que tiveram a nota mais alta de física.

Mãe (*examinando o emblema com alguma indiferença*): Uma caixa preta com uma tampa levantada? Ótimo. (*põe o boné no Menino*) Outra coisa, vamos... seja bonzinho. Eu também tenho vontade de saber. O que é isso que caiu na prova?

Menino (*olhando os homens*): Os postulados de Niels Bohr.

Mãe (*encantada*): Ele se chamava Niels? Se chamava Niels?

Menino: Ora, mamãe.

Mãe: Ora, mamãe, o quê? Vamos. São quantos?

Menino (*contrariado*): São três.

Mãe (*com firmeza*): Então diga os três.

Menino: Mas por quê? Você já não sabe que eu tirei a nota mais alta?

Mãe (*mais branda*): Diga pelo menos dois.

Menino (*olhando os homens*): Será que eles estão mortos?

Mãe: Diga dois. (*com firmeza*) Diga dois.

Menino: Está bem. Mas papai ainda vai demorar?

Mãe: Depois veremos. (*agrada o Menino*) Dois postulados só...

Menino (*lentamente*): Primeiro: "De todas as órbitas circulares e elípticas mecanicamente possíveis para os elétrons que se movem em torno do núcleo atômico (*levanta a voz*) apenas umas poucas órbitas altamente restritas são 'permitidas' e a seleção dessas órbitas permitidas faz-se com observância de certas regras especiais". (*diminui a voz*) Segundo: "Ao girar ao longo dessas órbitas em torno do núcleo. (*levanta a voz*) os elétrons são proibidos de emitir quaisquer ondas eletromagnéticas, embora a eletrodinâmica convencional afirme o contrário".

MÃE (*encantada*): Oh, que beleza, que beleza... "Afirme o contrário". Que beleza! (*beija várias vezes o filho*) Beleza, beleza, beleza.

MENINO: Eu estou com os pés molhados. E não aguento mais ver estes homens.

MÃE: Mas você tem que se acostumar. Sempre que voltar da escola e passar pelas praças vai ver esses homens.

MENINO (*angustiado*): Sempre?

MÃE: Pelo menos durante muito tempo ainda. Hoje são esses, amanhã serão outros.

MENINO: Mas você acha que está certo?

MÃE: Menino, pensa na física, pensa na física. Nas órbitas permitidas, ouviu? (*pausa. Resolve agradar o Menino*) Olhe, escute... Eu achei um cachorrinho (*fala baixo*) na rua, lindo, lindo... tem duas orelhinhas, quatro patinhas, um focinho tão friozinho... você vai brincar com ele, vai gostar, vai adorar!

Menino (*sorrindo com tristeza*): Um cachorrinho?

Mãe: Fale baixo, fale baixo.

Menino: Faz tanto tempo que eu não vejo cachorrinhos... por quê, mamãe?

Mãe: Olha, você vai entender... o Novo Sistema... (*o Menino esconde o rosto nas mãos*) Mas você está chorando?

Menino (*lentamente*): Não, eu não estou chorando, mamãe. (*olha para os homens*) Eu estou praticamente morrendo.

Mãe: Ora, que bobagem, menino! Você diz sempre coisas para me assustar. (*o Menino continua a olhar para os homens com piedade*) Está bem. Sabe do que vamos falar agora? Sabe? Pois eu vou falar desses dois homenzinhos.

Menino: Você vai me explicar? Oh, minha mãe, eu agradeço tanto! Pensei que você sempre se recusaria.

Mãe: Eu? Recusar alguma coisa a você? Filhinho...

Menino (*abraçando a mãe*): Mamãe! Mamãe!

Mãe: Olha, esses homenzinhos não foram bons, ouviu? (*aparece o pipoqueiro*) Olha o pipoqueiro! Moço! Moço! Vem cá.

O pipoqueiro atende depressa depois de olhar muito rapidamente para os postes.

Pipoqueiro: Pronto, dona.

Mãe: Dois saquinhos de pipocas, por favor.

Menino (*triste*): Eu não quero.

Mãe: Imagine! (*para o pipoqueiro*) Ele é louco por pipocas. Fala assim porque é muito delicado. (*começa a comer as pipocas enquanto o pipoqueiro olha atentamente para o emblema do Menino*)

Pipoqueiro: É um bom menino, dona. Meus parabéns.

Mãe: Pois é. Ganhou a nota mais alta de física!

Pipoqueiro: Meus parabéns.

Mãe: Também já escreveu contos.

Pipoqueiro: Meus parabéns.

Mãe: É muito asseado.

Pipoqueiro: Meus parabéns.

Mãe: Teve uma medalha de ouro no início do semestre. E tenho certeza de que vai se graduar summa cum laude.*

---
* No original: *suma cum laudae*.

Pipoqueiro: Meus parabéns. É mesmo um bom menino.

Menino (*olhando para os homens*): Posso comprar qualquer coisa para os homens comerem?

Mãe (*aflitíssima, para o pipoqueiro*): Obrigada, obrigada, pode ir. Pode ir.

O pipoqueiro afasta-se depressa, olhando rapidamente para os postes.

Mãe (*contrariada*): Você precisava falar dos homens diante do pipoqueiro.

Menino: Mas ele também olhou para os homens, mamãe...

Mãe: Mas você viu o jeito que ele olhou? Rapidamente, muito rapidamente, apenas um instante.

Menino: Mas o que é que tem olhar bastante para os homens, mamãe? Eu não posso nem olhar como quiser?

Mãe: Oh, menino! Você já se esqueceu dos postulados? Como é? Como é mesmo? "apenas"... "apenas"...

Menino: "Apenas umas poucas órbitas altamente restritas são permitidas..."

Mãe: E depois? E depois?

Menino: "E a seleção dessas órbitas permitidas faz-se com observância de certas regras especiais."

Mãe: Então, mocinho, então?

Menino: Mas isso é física, mamãe!

Mãe (*desesperada*): Fale baixo. Oh senhor! Eu já estou cansada de dizer ao seu pai que tudo isso não vai adiantar. Eles não estão sendo claros! Não estão sendo nada claros! (*afasta-se um pouco do Menino e fala consigo mesma*) Ele não compreende a relação da física com tudo o que é preciso aprender agora. Todos dizem que este é o novo método indireto, e esse método ia resolver tudo, que as autoridades sabem o que fazem, que ia adiantar, que ia adiantar... adiantou nada, as perguntas são as mesmas de sempre... (*olha para o Menino, de longe*) O meu menino não entendeu, oh, estou exausta e inquieta, lógico... (*para o Menino*) Pare de olhar os homens, sim? (*aproxima-se do Menino*)

Menino: Mas não tem sentido, mamãe! Como é que eu posso...

Mãe (*interrompendo*): Sentido! Sentido! Que sentido! (*aparece o pai no começo da praça*) Olha, o seu pai vem chegando. Agora nem posso ir para casa nesse estado de nervos.

Pai (*aproxima-se, olha para os homens no poste rapidamente. Levanta o Menino nos braços*): Então, meu filho, tudo vai bem? (*beija a mulher*) Tudo bem?

Mãe (*com ironia*): Tudo bem... Você já vai ver.

Pai (*apreensivo*): O que foi? Não teve boa nota?

Mãe (*com ironia*): Pelo contrário. Teve a nota mais alta... de física. Olha o emblema.

Pai (*contentíssimo*): A nota mais alta de física? Eu sabia! Meu querido filho! Então é esse o emblema? (*examina*) Que beleza! Uma caixa preta... com a tampa levantada... muito bem, muito bem.

Menino: Daqui por diante eu só poderei conversar com os colegas que têm o mesmo emblema.

Pai: Muito bem, papai está muito contente.

Mãe (*à parte, com o pai*): Eu também estava... mas só até a porta da escola. Depois ele chegou aqui nesta praça. E esse será o nosso caminho diário. Oh, senhor! Eu também estava muito contente.

O Menino fica longe, olha de vez em quando o triângulo, olha os pais, olha, com receio da mãe, os homens amarrados.

Pai (*para a mãe*): Mas o que foi?

Mãe: Os homens amarrados.

Pai: Ele olhou muito? Perguntou?

Mãe: O tempo inteiro.

Pai: Mas não é possível... com a nota mais alta!

Mãe (*desesperada*): Mas ele não entende! Não vai entender! Nós não vamos conseguir nada. A física para ele é somente a física.

Pai (*olhando ao redor*): Fale baixo.

Mãe (*desesperada*): Eles não estão sendo claros! Eles não se fazem entender!

Pai: Não é verdade. Não pode ser. (*olha para o Menino*) Ele é pouco sensível, mas vai depender de nós, você vai ver. Eu vou tentar explicar tudo sem chocá-lo.

Mãe (*balançando a cabeça*): Como você é teimoso!

Pai (*perdendo a paciência*): Teimoso? Você tem coragem de me dizer que sou teimoso? Você não entende que nós estamos correndo um risco? Se todos estão aprendendo assim, ele tem que aprender, ouviu?

Mãe: Não adianta gritar comigo. Grite com ele.

Pai: Gritar com ele? Você parece que não conhece seu filho. Aí sim é que podemos perder as esperanças. Não é um menino com quem se possa gritar. (*começa a se desesperar*) Oh... que situação... todos estão aprendendo... tem dado resultado, é preciso que dê resultado para o nosso menino!

Mãe: Está bem. Faça como você quiser.

Pai: Mas a nossa vida está em perigo e o menino acaba indo para o Instituto e você diz simplesmente – faça o que quiser? (*levanta a voz*) E você acha que eu posso fazer como quero?

O Menino olha para o pai meio intrigado.

Mãe: Bem, ele não deixará de olhar os homens (*acentua*) "demoradamente" e não deixará de perguntar.

Pai (*desesperado*): Mas isso é para nós dois como uma sentença... de... (*o Menino começa a se aproximar do pai*) Meu Deus!

Mãe: Não fique assim. Ele já está percebendo. Não fique assim na frente dele. Vamos ter calma.

Pai: É verdade. Vamos nos sentar um pouco. (*sorri. O Menino chega perto do pai*) Filho, senta aqui com o papai.

Menino (*olha muito para o pai, depois olha para os homens*): Você está vendo, papai?

Pai: O quê, meu filho?

Menino: Os homens.

Pai (*grave*): Escute, meu filho, esses homens... (*aparece novamente o pipoqueiro*)

Mãe (*interrompendo*): Olha o pipoqueiro outra vez. (*para o Menino*) Você quer pipocas?

Pai: Sim, sim. (*para o Menino*) Nós dois queremos, não é, meu filho?

Mãe: Ele não quer, mas nem por isso você vai deixar de comer. (*para o pipoqueiro*) Moço! Moço! Pode voltar.

Pipoqueiro (*aproximando-se rapidamente, mas agora sem olhar os homens*): Pronto, dona.

Mãe: Outro saco de pipocas, por favor.

Pipoqueiro: Pois não. (*para o pai*) Meus parabéns, meus parabéns.

Pai (*surpreso*): Meus parabéns?

Mãe: Eu já contei que o menino teve a nota mais alta de física. E depois o emblema. (*come as pipocas*)

Pai (*interrompendo*): Oh, sim! (*para o pipoqueiro*) Muito obrigado, moço. É mesmo pra gente ficar contente, não?

Pipoqueiro: Evidente, senhor, evidente.

Mãe (*para o pipoqueiro*): Obrigada, obrigada.

O pipoqueiro afasta-se repetindo: meus parabéns.

Menino: Então os homens, papai...

Pai: Ah, sim. Escute, meu filho, esses homens não aceitaram o Novo Sistema. Você compreende? Não foram bons homens.

Mãe (*interrompendo*): Eu já disse isso a ele.

Pai (*à parte, para a mulher*): Mas eu tinha te avisado que qualquer explicação cabia a mim.

Mãe: Mas foi impossível evitar.

Pai: Bem, bem. Outra vez, deixe por minha conta, ouviu?

Menino: Então os homens, papai...

Pai: Oh, menino! Você quer ver o seu pai doente?

Menino: Não, papai! Imagine. Eu não quero.

Pai: Você gosta do seu pai?

Menino: Lógico, papai.

Pai: E da sua mãe?

Menino: Lógico que eu gosto da mamãe.

Pai: Então esqueça esses homens. Ou melhor, não esqueça, não esqueça, mas imagine que você os viu apenas por um instante, está bem?

Menino: Mas não é lícito o que você está me pedindo. São seres humanos no poste, não é?

Pai: Não são nada agora.

Menino (*desesperado. Demonstra grande angústia*): Você quer dizer que eles estão mortos?

Pai (*tentando acalmar o Menino*): Não fique assim... e quê? Mas quem te falou que estão mortos? (*para a mulher*) Você falou isso para ele?

Mãe: Eu? Imagine!

Menino (*para o pai*): Você mesmo é que disse que eles não são nada... e eles não se mexem... é verdade! Eles não se mexem...

Pai: E tudo que não se mexe está morto por acaso? (*tentando brincar e acalmar o Menino*) A nota mais alta de física, hein? Não posso acreditar...

Menino (*mais calmo*): Você quer dizer, papai, que eles parecem mortos mas não como certas estruturas inapreensíveis...

Pai (*interrompendo*): Não é bem isso.

Menino: Então eu não compreendo.

Pai: Mas você já quer entender tudo de uma hora para outra? Por enquanto pense somente isso: Esses homens estão aí porque não foram bons.

Menino: Mas estão mortos?

Pai: Essa será uma explicação posterior.

Menino: Mas eu não aguento esperar, meu pai.

Pai: Mas você já não sabe que eles estão aí?

Menino: Sim, isso eu sei.

Pai: E que eles não foram bons homens?

Menino: Isso eu não sei, meu pai, porque você não me disse por que que eles não foram bons homens.

Pai: Mas eu te afirmo que eles não são bons homens, você me acredita?

Menino: Papai, primeiro você falou que eles não "foram" bons homens e mamãe também falou assim. Agora você fala que eles não "são" bons homens. (*começam a surgir na praça dois escudeiros carregando uma escada*) Mas, afinal, eles "foram", não "são"... estão vivos ou mortos?

Pai (*interrompendo*): Cht, cht! Fique quieto. (*para a mulher*) Olha, olha.

Mãe (*tensa*): São os escudeiros.

Pai (*para o Menino*): Agora fique quieto. (*para a mulher*) Vão tirar os homens.

Menino (*para o pai*): Vão salvá-los, afinal?

Pai (*em tensão*): Vão tirar os homens do poste, foi isso o que eu disse.

Os escudeiros chegam perto do poste. Um deles começa a subir na escada para desamarrar um dos homens. O outro escudeiro olha muito para a família e faz menção de se aproximar mais do pai, que se adianta com certa rapidez. Diz para o Menino: "Fique aí". Para os escudeiros: "Boa tarde, boa tarde".

Escudeiro 1 (*que é o que está no chão. Para o Escudeiro 2, que é o que está na escada*): Primeiro desamarra o tronco. (*para o pai do Menino*) Nós vamos recolher.

Pai: Ah, muito bem.

Escudeiro 1 (*olhando fixamente para o Menino, que está com a mãe*): Seu menino?

Pai: Sim, sim. A nota mais alta de física.

Escudeiro 1: Acho que estou vendo o emblema. Meus parabéns. O senhor está satisfeito?

Pai: Claro, muito satisfeito, claro. (*o Escudeiro 1 começa a desamarrar os pés de um dos homens*) Vão recolher, então?

Escudeiro 1: Para colocar os outros.

Pai: Ah, sim. São muitos?

Escudeiro 2: Incrível, senhor, incrível. O Escudeiro-Mor não esperava tanto. Ele nos disse que são tantos como formigas. (*ri*) Aquelas grandes com asas... o senhor sabe.

Pai: É... as asas.

Escudeiro 1: Tempos inquietantes, hein, senhor?

Pai: Bem, se é para melhor, tudo vai bem. É preciso colaborar.

Escudeiro 2: Assim é que é bom ouvir falar. Trabalhamos muito mas temos esperanças. Existe muita gente como o senhor, com fé, com esperança.

Escudeiro 1: Mas então o menino é a nota mais alta de física, hein?

Pai: Não foi uma surpresa. Nós já estávamos esperando.

O Menino consegue se desvencilhar da mãe e começa a se aproximar dos escudeiros apesar dos sinais aflitos da mãe.

Escudeiro 1: Então, mocinho, o que é que caiu na prova? (*o pai só percebeu nesse instante que o Menino está perto. Fica muito aflito. Dá a en-*

tender discretamente ao Menino que se afaste. O Menino demora um pouco a entender. Para o Escudeiro 2) A nota mais alta de física.

ESCUDEIRO 2: No outro bloco é uma menina. Um pouco maior que ele.

O Menino resolveu atender o pai e vai se afastando.

ESCUDEIRO 1: Mocinho, mocinho! (*o Menino volta-se*) Então não me disse o que caiu na prova?

MENINO: Eu já disse para a minha mãe.

PAI: Mas o senhor escudeiro está perguntando. Diga novamente.

MENINO (*indiferente*): Caiu os postulados de Niels Bohr.

Os escudeiros fazem imediatamente continência.

ESCUDEIRO 1: Os postulados, muito bem.

ESCUDEIRO 2: Pontos básicos.

O Pai manda discretamente que o Menino se afaste. O Menino afasta-se para junto da mãe. A Mãe tenta vários recursos para distrair o Menino. Tenta fazer um joguinho idiota com o Menino. Mostra três dedos da mão direita e dois da esquerda, entende-se que ela está pedindo para que o Menino faça a soma. O Menino dá um sorriso, tenta segurar os dedos da mãe. A mãe tenta dificultar a aritmética. Mostra dez dedos, esconde dois etc., manda dividir, multiplicar etc.

Escudeiro 1: O método tem sido muito eficiente. E bem coadunado com o novo espírito, não? (*à parte, para o pai*) Eles não estão gostando muito, o senhor sabe?

Os escudeiros fazem o trabalho com moleza, preferem conversar.

Pai: Eles? Quem?

Escudeiro 1: Os grandes... os tais da física.

Pai: Não diga... está havendo então...

O escudeiro desce da escada colocando o homem no chão.

Escudeiro 1: Não, não está havendo nada, o Escudeiro-Mor não permite. (*para o escudeiro 2*) Agora eu subo. (*põe a escada no outro poste. Vai subindo. Fica no alto. Para o pai*) Mas nota-se o olhar, sabe? Na maneira de responder... (*inclina-se para falar melhor ao pai*) Se a gente pergunta, por exemplo, se todos os elementos estão aproveitando com o máximo de rendimento, é porque é nosso dever perguntar, o senhor sabe.

Pai: Lógico, lógico.

Escudeiro 1: ... Fazem umas caras meio enfezadas... Fecham os olhos assim... Demoram para responder... Querem saber o que é exatamente que nós entendemos como o máximo de rendimento. Tão simples, não acha o senhor? O máximo de rendimento é o máximo de rendimento.

Pai: Lógico, lógico.

Escudeiro 1: ... Mas para eles é um cavalo de batalha... são minuciosos... na verdade não estão entusiasmados com o Novo Sistema.

Pai: Mas não será por excesso de trabalho?

Escudeiro 2: Que nada! Trabalho? Trabalho temos nós.

Escudeiro 1: Estafante, de dia, de noite.

Pai: Agora também de noite?

Escudeiro 2: O senhor sabe, lá não é muito espaçoso para conservar os corpos.

Escudeiro 1: Não podem ficar lá muito tempo. Devem vir para cá.

Escudeiro 2: Mas assim com tanta gente o serviço foi triplicado.

O Menino aborreceu-se horrivelmente com o jogo da Mãe e escapa correndo para junto do pai.

Pai: Filhinho, volte lá com a mamãe, os senhores escudeiros estão ocupados.

O Menino vai-se afastando mas olha com insistência para o corpo que está no chão. Os escudeiros entreolham-se.

Escudeiro 1 (*severo*): Ele parecia olhar de um jeito fora da lei. Demorou olhando. O seu menino demorou olhando.

Pai: Não, não. Absolutamente. Ele é curioso em relação aos senhores. Os senhores são pessoas importantes, ele fica curioso...

A mãe dá ordens para que o Menino não se afaste do banco e aproxima-se do pai temendo que ele esteja em perigo.

Escudeiro 2: Ah... então está bem... meus parabéns. (*para a mãe*) Meus parabéns.

Mãe (*para os escudeiros*): Ele é muito asseado também.

Escudeiro 1: Ah... Isso é primordial. A física e a higiene.

Escudeiro 2: Os higienistas percorrem todo o país.

Escudeiro 1: E têm dificuldades.

Mãe: Lógico... compreende-se... é difícil a higiene, não? Bem, com licença, senhores. (*vai se afastando, tenta puxar o marido sem conseguir convencê-lo a afastar-se*)

Escudeiro 2: Parabéns ao menino, hein? Se todos tivessem começado assim, nós não teríamos tanto trabalho. Mas daqui por diante tudo começará no berço, não é mesmo?

Mãe: É... No berço sempre se começa... sem dúvida senhor. Bem, com licença.

Pai (*para a mãe*): Vai dar uma volta com o menino.

Mãe: Está bem. (*aflita*) Mas onde? Todas as praças estão...

Pai (*interrompendo*): Vai, vai. Por aí.

A Mãe e o Menino saem.

Escudeiro 1 (*para o pai*): Mas como eu ia dizendo ao senhor... os tais da física complicam tudo (*desce da escada com o segundo corpo, coloca o segundo corpo no chão*). Olhe, para o senhor nós podemos contar... (*voz mais baixa*) O menino é mesmo a nota mais alta, não é?

Pai: Sim, o senhor pode se informar, o número dele é...

Escudeiro 1 (*interrompendo*): Pelo Escudeiro-Mor! Então já não vi? Ele tem o emblema! Quero dizer apenas que para ser a nota mais alta de física deve ter tido também boa orientação dentro de casa, porque tem uns que são a nota mais alta e os pais são uns bobalhões, põem tudo a perder... mas com o senhor já vi que posso falar tranquilamente. O senhor é um homem instruído no Novo Sistema, já vi... fez o preparatório para os pais, não é?

Pai: É... fiz o possível.

Escudeiro 1: Muito bem. É o seguinte, sabe, o núcleo atômico.

Escudeiro 2 (*interrompendo*): Não, não comece assim... Deixa que eu explico.

Escudeiro 1: Está bem, explique, explique para esse excelente senhor.

Escudeiro 2 (*para o pai*): De acordo com eles, os grandes, os tais da física, o núcleo atômico (*voz baixa*) o senhor sabe o núcleo atômico, não é?

Pai: Perfeitamente... o... o núcleo.

Escudeiro 2: Pois é. Então, de acordo com eles, o núcleo atômico... não é uma estrutura rígida, compreendeu?

Pai: Perfeitamente. Está claro.

Escudeiro 2: Então queira repetir.

Pai: O núcleo atômico não é uma estrutura rígida.

Escudeiro 2 (*continuando com ênfase*): ...antes... veja bem, antes um sistema dinâmico. Compreendeu?

Pai: Perfeitamente.

Escudeiro 2: Simplíssimo, não acha?

Pai: Cristalino.

Escudeiro 2: Então queira repetir.

Pai: O núcleo atômico não é uma estrutura rígida. Antes um sistema dinâmico.

Escudeiro 1: Muito bem senhor. Bravo, bravo!

Escudeiro 2: Pois o Escudeiro-Mor pediu com muita delicadeza, como sempre, aliás, para os tais da física, que eles aplicassem esse princípio ao Novo Sistema. Assim, quase como um lembrete. Antes de começar cada aula, eles diriam: Não somos uma estrutura rígida. Antes um sistema dinâmico. E isso já está sendo em grandes faixas por toda a cidade. E gravações também repetindo o mesmo princípio, e em seguida ouviremos a voz do Escudeiro-Mor.

Pai: Depois de enunciar o princípio?

Escudeiro 1: Claro.

Pai: E o que o Escudeiro-Mor dirá?

Escudeiro 2: Espere... já chego lá. Então o princípio será... (*numa voz muito clara, muito bonita. Tenta conseguir uma bela voz*) "Não somos uma estrutura rígida, antes um sistema dinâmico." Agora a voz do Escudeiro- Mor: (*faz uma voz possante*) "Como o quê? (*bem espaçado*) Como o quê?". E todas as nossas crianças responderão: (*imita a voz das crianças*) "Como o núcleo atômico, como o núcleo atômico, como o núcleo atômico". Belíssimo, não acha?

Pai: Muito criativo realmente... e depois o núcleo atômico...

Escudeiro 1 (*interrompendo*): É uma das coisas mais importantes... é a mais importante.

Pai: Talvez será sempre.

Escudeiro 2: Talvez não. Sempre, sempre será importante.

Pai: Lógico.

Escudeiro 2: Pois bem. Os tais da física fizeram umas caras... uma coisa tão simples, um *slogan* perfeito, altamente elucidativo. Dinâmico, dinâmico... e o senhor precisava ver a paciência do Escudeiro-Mor explicando para os tais que é muito importante que se faça assim, porque eles não queriam saber, não queriam saber!

Escudeiro 1 (*interrompendo*): Por enquanto é preciso ter paciência com eles, o senhor sabe.

Pai: Por enquanto?

Escudeiro 1: Olhe, para o senhor nós podemos contar. (*para o Escudeiro 2*) Podemos, não é? (*o Escudeiro 2 assente*) O menino é mesmo a nota...

Pai (*interrompendo*): Sim, sim.

Escudeiro 2: Lógico, já vimos, lógico.

Escudeiro 1 (*para o pai*): Não é por nada, meu senhor... é só por disciplina que nós perguntamos, entende? (*a voz baixa*) É que são certos planos ainda em embrião...

Escudeiro 2 (*sorrindo*): Um embrião quase formado... lá pelo sétimo mês. (*os escudeiros sorriem*)

Escudeiro 1: É o seguinte: (*diminui a voz*) o Escudeiro-Mor não vai ter paciência durante toda a vida. Assim que as crianças notas altas de física estiverem aptas... com toda a informação...

Pai (*interrompendo*): Mas isso leva muitos anos!

Escudeiro 2: Que nada! Estudam praticamente o dia inteiro...

Pai: Talvez, pode ser.

Escudeiro 1: Pode estar certo, meu senhor. Estão aprendendo muito depressa.

Pai: Mas o senhor disse que...

Escudeiro 2: O senhor ainda não deduziu? (*ri*)

Pai: O Escudeiro-Mor dará uma solução... aos tais da física.

Escudeiro 1: Se eles não colaboram... a solução mais prática... (*sorri e alisa o poste*)

Escudeiro 2: É uma coisa lógica, muito lógica, compreendeu? Mas por enquanto é preciso ter muita paciência. E nisso o senhor Escudeiro-Mor é um mestre, aliás em tudo... Conversou longamente com eles e de vez em quando ouvíamos umas frases que os tais diziam, exaltados, ouviu? Exaltados... (*imita a voz do físico e o jeito de fala fechando os olhos*) "Impossível, praticamente impossível, presta-se a distorções irremediáveis, impossível... a Física é a Física."

Escudeiro 1: E o senhor Escudeiro-Mor falou, falou, falou. Até que foram obrigados a ceder. Que figura! Que paciência!

Escudeiro 2 (*para o pai*): O senhor é um bom homem, ouviu? Bem, precisamos ir andando. O trabalho é muito.

Escudeiro 1: É verdade. Vamos indo. (*começam a levantar os corpos do chão. Para o pai*) O senhor ainda fica por aqui? (*aparecem a Mãe e o Menino*)

Pai: Vou esperar minha mulher... (*olha ao redor*) Ah, já chegaram. Acho que é o momento de ir para casa. (*afasta-se um pouco*) Bem, muito obrigado.

Aparecem mais dois escudeiros com mais dois corpos. O corpo de um padre e de um bispo.

Escudeiro 2 (*para o Escudeiro 1*): Olhe, eles se adiantaram a nós. Já vêm trazendo os outros corpos.

Menino (*triste*): Mamãe, eu já estou com os pés molhados.

Mãe: Já vamos, filhinho, já vamos.

Os quatro escudeiros fazem continência. Um deles, o Positivo, um dos que acabaram de chegar, olha muito para o Menino.

Menino (*aflito, referindo-se aos novos corpos*): Mamãe, esses também não se mexem?

Mãe: Quem, filhinho?

Menino: Esses outros que chegaram agora. (*refere-se aos corpos do padre e do bispo*)

Mãe: Cht, cht.

Pai: Vamos indo, vamos indo.

O Pai tenta atravessar a praça fazendo o possível para que o Menino não olhe para os corpos, mas o Menino não se contém, está muito agitado. O mesmo escudeiro, o Positivo, que olha fixamente para o Menino, continua olhando, enquanto mantém um diálogo com os outros escudeiros que já estavam ali.

Escudeiro Positivo (*para o 1 e o 2*): Aqui nesta praça é a primeira troca. Mas nas outras já fizeram três. Vocês estão atrasados.

Escudeiro 2: É que amarraram demais. Também não é necessário amarrar tanto. Afinal de contas já estão... (*a família passa lentamente por eles e o pai e a mãe tentam ser naturais*)

Escudeiro Positivo: Esses, quem são?

Escudeiro 1: Boa família. O menino é a nota mais alta de física.

Pai (*para os escudeiros novos*): Boa tarde. (*para o 1 e o 2*) Obrigado.

O Menino fica muito agitado quando vê os quatro corpos no chão.

Escudeiros novos: Boa tarde.

Escudeiro Positivo (*para a família*): Um momento, meu senhor. Um momento. (*a família para*)

Escudeiro 2 (*para o Positivo*): O que foi?

Escudeiro Positivo (*para o 1 e o 2*): A nota mais alta de física, hein? Mas sem muito rendimento, sem muito rendimento. Ele está agitado.

Escudeiro 1 (*para o Positivo*): Você acha? Acho que não. O pai diz que o menino tem admiração por nós, é por isso que ele fica olhando.

Escudeiro Positivo (*para o Escudeiro 1*): Não seja imbecil. Ele não está olhando para nós.

Escudeiro 3 (*companheiro do Escudeiro Positivo*): Está claro, está claro. Está olhando para os corpos.

Escudeiro Positivo: Vamos resolver já.

Escudeiro 2 (para o Positivo): Mas espere um pouco. O que é que você vai fazer? A nota mais alta de física é a nota mais alta de física.

Escudeiro 3: Não, com o menino não acontece nada. Só o Instituto. Mas quanto aos pais... Houve outra reunião apertando o cerco.

Escudeiro Positivo (*para o 1 e o 2*): Vocês já sabem... olhar demorado para o poste... sintomas de agitação... interrogar os pais imediatamente. Sem o máximo de rendimento a criança vai para o Instituto Pedagógico. Lá é diferente.

Escudeiro 1: E os pais?

Escudeiro 2: É velho...

Escudeiro Positivo: Bem, vamos tratar disso logo. (*para o 3*) Vai colocando. (*o número 3 começa a colocar os novos corpos no poste. Os números 1 e 2 ficam por um instante olhando a operação*).

Escudeiro 1: Esses eu teria até medo de tocar. (*está se referindo aos corpos do padre e do bispo*)

Escudeiro 3 (*para o 1*): Vai se acostumando. Desses é que tem bastante.

Escudeiro Positivo (*para o 1*): Medo do quê?

Escudeiro 1: Sei lá. Eles me metem medo.

Escudeiro Positivo (*para o 3*): Você pode terminar sozinho?

Escudeiro 3 (*rindo*): Pode deixar. Com esses, o demônio me ajuda. (*ri*)

O Escudeiro Positivo encaminha-se para a família.

Escudeiro 2 (*para o Positivo*): Escute. (*o Positivo volta-se*) Ainda tem muitos no morgue?

Escudeiro Positivo: Dezenas, homem, dezenas. Parece que vamos ter que reduzir as horas de exposição. Meia hora cada dois corpos.

Escudeiro 1: É melhor, é melhor.

Escudeiro 1 e 2 (*para o Positivo e o 3*): Até já. (*saem com os corpos*)

Escudeiro Positivo (*para os pais*): Queiram me acompanhar um instante.

Mãe: Vem, meu filho, vem.

Escudeiro Positivo: Não, o menino fica aqui na praça.

Pai: O menino vai ficar sozinho?

Escudeiro Positivo: Como sozinho? O meu companheiro está aí. (*a mãe fica agitada*) Só por um instante. Não se preocupem. Venham. São ordens do Escudeiro-Mor.

Mãe (*para o Positivo. Aflitíssima*): Mas não podemos ir, meu senhor.

Pai (*interrompendo. À parte, para a mulher*): Temos que ir. Não fale assim. (*para o Positivo*) Pois não, senhor escudeiro. (*para o filho*) Fique aqui. Sua mãe e eu já voltamos.

Mãe (*aflitíssima*): Filho! Filho!

Menino (*olhando para os corpos*): Eu fico aqui sim, mamãe.

Mãe (*desesperada. Voz baixa, para o filho*): Não olhe mais para os corpos (*tenta abraçar o Menino*), meu filho...

Escudeiro Positivo: Não podemos demorar mais, senhora. Queira me acompanhar.

Pai (*para a mãe, que está desesperada*): Não faça assim, não é nada, talvez uma simples advertência.

Mãe (*afastando-se com o pai e o escudeiro*): Meu filho... eu não soube, eu não soube, eu não soube...

O Menino está totalmente fascinado com os corpos e não presta atenção na mãe. Fica sozinho na praça com o escudeiro número 3. O escudeiro continua atarefado amarrando os corpos do padre e do bispo.

Menino (*aproxima-se dos postes. Para o escudeiro*): São gente religiosa? (*pausa*) Estão mesmo mortos?

Escudeiro 3: O que é que caiu na prova?

Menino: Os postulados de Niels Bohr.

Escudeiro 3 (*fazendo continência*): Então, menino, vai para lá. Olha as órbitas permitidas...

Menino: Mas estão mortos, não é?

Escudeiro 3 (*rindo*): Mas eles tiveram chances.

Menino: Chances?

Escudeiro 3 (*rindo*): Já colocaram as asas. E agora já tiraram. É só durante a procissão.

Menino: As asas? A procissão?

Escudeiro 3: Ora, você não sabe? É assim: as velhas colocam as asas durante o percurso-procissão que eles são obrigados a fazer até chegarem ao lugar da morte. Quando as velhas fizeram esse pedido, o Escudeiro-Mor deu boas risadas, deu excelentes risadas, mas depois entendeu que como as velhas vão morrer logo (*à parte*) porque elas não podem ser substituídas, depois delas acaba esse negócio de asas, inventa-se outra coisa. Sabe, elas são cinco mães de antigas autoridades imundas do Velho Sistema. Mas, então, o Escudeiro-Mor achou o pedido das asas tão engraçado (*ri*) que não só concedeu essa licença, mas até resolveu transformá-la numa lei. Enquanto as velhas existirem, lógico (*ri muito*). Sempre as velhas devem colocar as asas, sempre, em todos. Elas têm um trabalho! Você já pensou? Fazer asas para tanta gente? É, mas elas é que fizeram... quero dizer, para ser bem exato, foi assim: enquanto os filhos, autoridades imundas do Velho Sistema, caminhavam para a morte, uma delas disse: (*imita a voz de uma velha chorosa*) "São anjos caminhando para a morte". O Escudeiro-Mor ouviu e respondeu: "Sem asas". E uma outra continuou: (*imita a voz*) "Se não vedes as asas, senhor, nós as colocaremos". O Escudeiro-Mor achou a resposta muito engraçada e morrendo de rir respondeu: "Em verdade, só isso é que fareis daqui por diante, até a vossa morte". (*morre de rir*) É muito engraçado tudo isso, hein? O que você acha?

Menino (*tristíssimo*): Eu acho tudo isso muito doloroso.

Escudeiro 3: Doloroso? Doloroso? Para aqueles que tentam fugir (*rindo*), mas não machuca nada colocar as asas. São pequenas armações de plumas muito engraçadas. Os seres no Novo Sistema que querem assistir o percurso-procissão devem reservar lugares com antecedência. É um grande ritual de alegria para a Nação. Você nunca viu?

Menino (*desesperado*): Não.

Escudeiro 3: Eu acho um espetáculo próprio para crianças. (*rindo*) As plumas descolam durante o percurso e é só pluma que voa. Às vezes quando eles chegam ao lugar da morte, só tem a carcaça da asa (*morre de rir*) espetada, assim.

Menino (*tristíssimo*): As plumas? As asas são feitas de plumas?

Escudeiro 3: Ora, menino, os pássaros estão por aí. Aliás, esse problema foi também muito engraçado. As velhas, obrigadas a fazer as asas, pediram plumas de material sintético, mas o Escudeiro-Mor (*morre de rir*) disse que absolutamente, que as plumas deveriam ser genuínas, de pássaros mesmo. Ele dizia: "Não é uma chance de subir ao céu? Não é uma chance de subir ao céu?". E dava excelentes risadas. Aí as velhas se danaram, não queriam mais colocar nada. (*imita as velhas chorosas*) "Matar os pássaros? Nunca. Nunca." O Escudeiro-Mor não quis saber de nada. Designou três velhas para fazerem as asas, outras duas para caçar os pássaros. É, mas não estão dando conta. Quase não há mais pássaros e as velhas estão meio cegas. (*pausa*) Você está chorando? Mas menino, muitos ainda terão a chance de subir ao céu! (*morre de rir*) Você é mesmo a nota mais alta de física do seu bloco? A nota mais alta chorando? (*ri, saindo*) Não saia daí, hein... Não saia daí. (*sai*)

O Menino fica um instante sozinho apenas. Olha para os corpos amarrados no poste depois senta-se no banco. Entra a Menina. Lentamente. Olha para os corpos só com um movimento rápido de cabeça. Vê o Menino. Aproxima-se. A Menina veste blusa verde e saia branca. Um cinto preto de couro, boné igual ao do Menino com, o emblema da nota mais alta de física.

Menina (*unindo as mãos um pouco acima da cabeça, num gesto duro. É a saudação dos jovens do Novo Sistema*): He! Ha!

Menino (*levantando-se, faz o mesmo gesto*): He! Ha!

Há uma análise mútua. Na Menina, nenhuma expressão de simpatia, apenas análise cautelosa. Depois, ela olha para a praça mas não para o poste. O Menino senta-se novamente. Está muito angustiado.

Menina: É limpa esta praça. (*pausa. Todas as falas da Menina são ditas sem brandura*)

Menino: É limpa?

Menina: Este chão é de pedra. (*pausa*)

Menino: As pedras são limpas?

Menina: Claro. Você conhece alguma coisa mais limpa do que a pedra? Conhece?

Menino: Não. (*pausa*)

A Menina olha para os pés do Menino.

Menina: Você está com os pés molhados?

Menino: Sim. Eu estou aqui há algum tempo e chovia quando eu saí da escola. (*pausa*)

Menina: Daqui a alguns meses todos nós vamos passar um tempo no mar. É bom ver o mar. O mar é limpo.

Menino: É limpo?

Menina: Você conhece alguma coisa mais limpa do que a pedra e mar?

Menino: Não. (*pausa*)

Menina: Meu pai hoje me mostrou a última poesia do Novo Sistema. É linda. Eu vou te dizer: (*diz lentamente com muita gravidade*)

> Nós devemos ser iguais à pedra
> Que no grande mar do Novo Sistema
> Mergulha.
> Nós devemos ser iguais à pedra
> E não como a cortiça que flutua. (*pausa*)
> Você não se lembra de nada que tenha analogia com esse poema?

Menino: Não.

Menina: Mas pense um pouco.

Menino: É uma analogia com a física?

Menina: Mas é lógico. Lógico.

Menino: Não. Eu não me lembro.

Menina (*diz mecanicamente, mas muito grave. Está repetindo um trecho de um grande físico*): "Se jogarmos uma pedra n'água ela afundará, se jogarmos uma cortiça ela mergulhará". Estas duas afirmativas aplicam-se não somente a pedras e cortiças que foram vistas mergulhar e flutuar na água, mas sim a todas as pedras e cortiças... Se nos derem uma pedra que nunca foi lançada à água, nem por isso deixamos de crer que se a lançarmos ela afundará. Que justificativas temos para supor que essa nova e não experimentada pedra mergulhará na água? Sabemos que milhões de pedras têm sido até hoje lançadas n'água e nem uma sequer deixou de mergulhar. (*faz um parêntese*) A não ser as que pareciam pedra e eram cortiça. (*continua no tom anterior*) Concluímos que a Natureza trata todas as pedras de igual maneira quando jogadas n'água (*levanta a voz*) e assim sentimo-nos confiantes de que as novas e não experimentadas pedras mergulharão sempre que lançadas n'água. (*tom muito grave*) Isso quer dizer que todas as pedras mergulharão no mar do Novo Sistema. (*repete o poema com encantamento e seriedade*)

A Menina olha para o triângulo e em seguida para o Menino que está de olhos fixos nos homens amarrados.

Menino: Você não vê os homens?

Menina: Não como você os vê.

Menino: Mas você pode entender que eu vejo os homens à minha maneira?

Menina: Ainda posso. Mas daqui a pouco não entenderei mais. (*pausa*)

Menino: Eu estou só. Eu estou só.

Menina: Você pensa que está só porque agora você não pode mais falar apenas de si mesmo. Você não compreende? Neste nosso tempo você só existirá se individualmente você representar o ser da coletividade. O ser da coletividade. Entendeu?

Menino: E a coletividade não vê os homens?

Menina: Não dessa maneira que você vê. Escute: os olhos devem registrar essa cena (*aponta os homens sem olhar*) apenas um instante. Amarrar os homens no poste é uma simples demonstração de poder. E para produzir em nós todos uma reação interior automática, você compreende? Automática. (*pausa*) Nunca se falou tão claro.

Menino: Você é a nota mais alta de física do seu bloco, não é?

Menina: Você não está vendo o meu emblema? É igual ao seu.

Menino: Mas então... por que é que nós não podemos nos entender? Me ajude.

Menina: Mas eu estou te ajudando. Qualquer um com a nota mais alta de física já teria te denunciado, ou melhor, você mesmo se denunciaria se todo o seu ser não fosse de fato a coletividade. É um dever.

MENINO: E por que você não me denuncia? Você me ama?

MENINA: Porque eu posso ainda te dar algum tempo. Tenho poder para isso. (*pausa*) Não, eu não te amo. Eu não sei o que é o amor. Eu sei o que é atração e repulsão. Você me atrai.

MENINO: Por quê?

MENINA: Porque você é a nota mais alta de física do seu bloco. (pausa)

MENINO: Os meus pais...

MENINA (interrompendo): Certos pais deviam ser amarrados nos postes.

MENINO: Mas eles colaboram!

MENINA: Ainda é uma ilusão perniciosa do Sistema. Eu sei que os pais nunca saberão colaborar. Você não vê que é impossível? Ou você pensa que eles realmente se alegram com a tua nota mais alta, pela tua nota mais alta? A alegria desses pais não tem nada da minha alegria, por exemplo. Eu me alegro porque sou o Novo Sistema. Eu sou a coletividade. Os pais se alegram porque, através de crianças lúcidas do Novo Sistema, estão escapando da morte. Você sabe que a morte não será situação do Novo Sistema. Não para nós. Mas os pais carregam a morte porque já são muito velhos para se esquecerem dela. E você, se continuar assim, você vai para o Instituto. Lá, as notas mais altas adquirem em pouco tempo a consciência total do ser... o ser da coletividade. É como uma ressurreição. Como Lázaro. (*ri*) Olha, eu posso ainda te dar algum tempo. Você vai compreender. Aliás, é um dos exemplos mais fáceis para se fazer analogia. Eu vou te fazer uma pergunta e você vai responder. É uma pergunta irrisória para quem é a nota mais alta, mas é só para ficar bem claro para você. Está bem?

Menino: Pergunte então.

Menina: Bem, quando é...

Menino (*interrompendo*): Espera um pouco. Se eu não souber a resposta... é grave para mim?

Menina: Mas é claro que você vai saber a resposta.

Menino: Sim, está certo, mas se eu não souber, é grave?

Menina: Mas você vai saber. Você é a nota mais alta de física do seu bloco. O que eu vou te perguntar é como se fosse o primário da física.

Menino: Então pergunte logo.

Menina: Quando é que vemos o arco-íris?

Menino (*lentamente*): Quando olhamos em direção oposta à do sol e quando...

Menina (*interrompendo*): Não, não continue. Está perfeito. É só essa primeira parte que interessa. Você sabe fazer disso analogia com o Novo Sistema?

Menino: Não. Eu me confundo. Minha mãe tenta me ajudar...

Menina (*interrompendo*): Olha, presta atenção. Então nós vemos o arco-íris quando olhamos em direção oposta à do sol, não é?

Menino: Sim.

Menina: ...e isso quer dizer na nossa analogia política que só podemos ver a verdade quando olhamos em direção oposta à do sol, isto é, quando olhamos para dentro de nós. (*curva-se*) E olhando para dentro de nós, nós vemos o quê?

Menino (*grave*): Um arco-íris ensanguentado.

Menina: Não! O ser da coletividade! O ser da coletividade! O arco-íris é um símbolo, você não entende? Na verdade, o arco-íris real que interessa é o ser da coletividade que está dentro de nós. (*o Menino dá sinais de angústia*) O que foi?

Menino: Você tem um cinto?

Menina: Tenho. Aqui. (*mostra o cinto da saia*) Por quê?

Menino: Você é capaz de bater em mim?

Menina (*rindo*): Bater em você? Com o cinto?

Menino: Sim.

Menina: Mas eu não posso bater em você. Ninguém pode bater numa nota mais alta de física. E de mais a mais isso tem um ranço cristão.

Menino: Seja lógica. Faça o que eu peço.

Menina: Mas isso não é nada lógico.

Menino: É lógico que sim, porque quando queremos agradar alguém que é semelhante a nós, nos esforçamos para que esse alguém também se agrade de nós. E para te agradar eu quero entender o Novo Sistema.

Menina: Para me agradar? Então, por amor?

Menino: Não sei. É uma certa convulsão dentro de mim.

Menina: O universo é feito de inteligência e de razão.

Menino: Você vai fazer o que eu pedi?

Menina: Mas eu não vejo como isso pode te ajudar.

Menino: Olha, eu repetirei em voz alta enquanto você estiver me batendo: "O meu ser é o ser da coletividade, o meu ser é o ser da coletividade". Você não permita que eu deixe de repetir. Compreendeu?

Menina: Eu acho que o Novo Sistema é um método perfeito. E o que você quer fazer é um reforço desnecessário.

Menino: Faça. Pense que eu sou como um bicho... e que só entendo essa dor.

Menina: Está bem. Então tire o casaco.

O Menino está de pé. A Menina começa a bater pausadamente nas costas do Menino enquanto ele repete: "O meu ser é o ser da coletividade" algumas vezes. Aos poucos, gradativamente, ouvem-se vozes de muitas crianças e exclamações "Hei Ha!" muitas vezes. E uma manifestação popular na praça contígua à praça onde estão o Menino e a Menina. Ouve-se também a voz do Escudeiro-Mor dizendo: "Como o quê? Como o quê?". E as crianças respondendo: "Como o núcleo atômico" (3 vezes).

Durante esta cena, o Menino e a Menina devem movimentar-se. Ela vai até o obelisco, ele olha para os homens. Há angústia e uma certa delicadeza entre os dois.

MENINA (*parando de bater o cinto no chão*): Você está ouvindo?

Ficam em silêncio. O Menino olha fixamente para a Menina. A Menina está intrigada com o Menino, mas não dá demonstração nem de piedade nem de afeto. Está curiosa. Olha curiosamente para o Menino como se estivesse vendo alguma coisa que escapa ao seu entendimento. Enquanto ficam assim, continuam as exclamações "He! Ha!" que devem ser ditas com pequeno intervalo e energicamente. Em seguida, ouve-se uma voz masculina.

VOZ MASCULINA: Seres do Novo Sistema! Hoje o Escudeiro-Mor está em pessoa entre nós.

VOZES DAS CRIANÇAS: He!

VOZ MASCULINA: E resolveu passar uma tarefa para vocês. Essa tarefa deve ser feita em suas próprias casas. Daqui por diante, uma vez por semana haverá uma nova tarefa. Hoje é a primeira. As tarefas devem ser resolvidas com o máximo de perfeição. A coletividade compreendeu?

VOZES DAS CRIANÇAS: Sim! He! Ha! He! Ha!

Silêncio.

Voz masculina: Ouçamos o Escudeiro-Mor.

Voz do Escudeiro-Mor: Seres do Novo Sistema!

Vozes das crianças (*muito entusiasmo*): He!

Silêncio total.

Voz do Escudeiro-Mor: Tenho em minhas mãos um manual de Física.

Vozes das crianças: He! Ha!

Voz do Escudeiro-Mor: Vou abri-lo na página 203. Aqui está escrito: Observe o rádio de um carro ou, melhor ainda, o painel de um avião. Você verá uma caixa preta metálica ou uma coleção delas. Vários fios entram e saem das caixas, ligando-as entre si ou com o exterior, com a antena ou com o solo, com linhas elétricas, ou com um alto-falante, ou com um mostrador. Levante a tampa de uma caixa e dentro você verá um labirinto de fios coloridos. Você não compreende a finalidade de cada fio, mas sabe usar perfeitamente bem a caixa preta. Tal experiência legou-nos uma frase útil e expressiva. Referimo-nos a um sistema físico de qualquer tipo como uma "caixa preta" quando o utilizamos sem analisar seu funcionamento, sem levantar a tampa. Esperamos levantar mais cedo ou mais tarde a tampa de todas as caixas pretas.

Vozes das crianças: He! Ha! He! Ha!

Voz do Escudeiro-Mor: A física é um grande empreendimento dos seres do Novo Sistema. Ninguém a conhece toda. A curiosidade de abrir as caixas pretas é necessária para o bom entendimento da física.

Vozes das crianças: He! Ha! He! Ha!

Voz do Escudeiro-Mor: A confiança na caixa preta vem com o uso, a experimentação e finalmente com a cobertura da tampa, a verificação do método de operação. O que permanece como caixa preta nesse instante será aberto pela vossa geração.

Vozes das crianças: He! Ha! He! Ha!

Voz do Escudeiro-Mor: Sua abertura envolverá, porém, o uso hábil de todos os tipos de caixas pretas... caixas pretas, crianças, que nunca vimos.

Vozes das crianças: He!

Voz do Escudeiro-Mor: Agora a tarefa para fazer em casa. Uma câmera fotográfica é uma caixa preta para muitas pessoas, para todos até certo ponto, pois não sabemos como funciona a ação de cada parte. (*pausa*) até que ponto uma câmara é uma caixa preta para vocês? Essa é a tarefa que deve ser respondida e relacionada com o Novo Sistema. E agora um pequeno esclarecimento para lhes facilitar a mesma tarefa: a maior parte das decisões que tomamos, a maioria das informações que recebemos sobre o mundo, penetram através dos olhos. No cérebro humano, a área chamada córtex visual, que recebe os sinais do olho, é maior que a de todos os outros sentidos juntos. O olho, seres do Novo Sistema, é uma caixa preta que usamos com audácia e precisão. Mas num quarto escuro, o olho se torna inútil. O olho depende de sinais luminosos. E o sinal luminoso, o grande sinal solar do nosso tempo, é o Novo Sistema.

Vozes das crianças: He! Ha! He! Ha!

Voz do Escudeiro-Mor: A coletividade compreendeu?

Vozes das crianças: Sim. He! Ha!

Voz do Escudeiro-Mor: A coletividade está contente?

Vozes das crianças: Sim. He! Ha! He! Ha! He! Ha!

Voz masculina: Não somos uma estrutura rígida. Antes um sistema dinâmico. (*duas vezes*)

Voz do Escudeiro-Mor: Como o quê? Como o quê?

Vozes das crianças: Como o núcleo atômico. (*três vezes*)

Aos poucos as exclamações "He! Ha!" vão se distanciando.

Menino: Já está anoitecendo.

Menina: E os teus pais não vieram te buscar.

Menino: Eles virão, não é? (*pausa*) Olha, neste lugar eu ouvi dizer que havia um lago e pássaros muito bonitos.

Menina: Eu nunca ouvi dizer isso.

Menino: Mas é verdade.

Menina: Como é que você sabe?

Menino: Eu ouvi minha mãe dizendo ao meu pai: "Como era bom quando havia o lago e os pássaros tão bonitos".

Menina: Pássaros... (*ri. Pausa*)

Menino: Minha mãe disse que achou um cachorrinho... e que ele está lá em casa.

Menina: Sua mãe não colabora com o Novo Sistema. Não é permitido levar um cachorro para casa. Deve-se chamar o serviço competente. A carne dos cães é um ótimo alimento para a nossa grande nação. Você não teve a orientação integral do Novo Sistema. Os teus pais escondem a verdade. Você parece frágil, seus pais devem ser frágeis, anêmicos para o Novo Sistema.

Menino: E os seus?

Menina: Minha mãe também era frágil, desfibrada. Teve o destino de todos os incompetentes e o seu corpo foi preparado para ficar exposto durante muitos dias, para que todos soubessem que o meu pai cumpre com rigor as leis do Novo Sistema.

Menino: Seu pai?

Menina: Meu pai é o Escudeiro-Mor. (*pausa*)

Menino: Já está anoitecendo.

Menina: Você deve perder as esperanças. Eles não virão mais te buscar.

Menino (*angustiado*): Você tem certeza? Por quê?

Menina: Eu sei tudo. Você se emocionou com os homens amarrados. Eu já te disse, os olhos devem registrar a cena, rápidos como um relâmpago. É só para provocar uma reação interior automática, eu não te disse. Automática. Pense nas melhores câmeras fotográficas.

Menino: E você já sabia de tudo isso quando chegou aqui perto de mim?

Menina: Sim. Eu fui avisada. Uma das minhas tarefas é essa, não permitir que as crianças iguais a você perturbem o trajeto de seus pais anêmicos para a morte.

Menino (*com extrema gravidade*): E é isso que você fez comigo até agora? Você simplesmente ganhou tempo? (*pausa. Desesperado*) Enquanto meus pais... Eu compreendi... Eu compreendi.

Menina: Mas você não parece contente. E você devia estar contente.

Menino: Por quê?

Menina: Por ter compreendido. A nossa única alegria é o entendimento.

Menino: E tudo será sempre assim? O entendimento sem amor? Sem amor?

Menina: Sempre. (*o Menino aproxima-se da Menina. Num gesto rápido pega o cinto que estava no chão e o coloca no pescoço da Menina*) É tolice você fazer isso. Você está me machucando. (*rapidamente*) Não adianta, minha morte não te salvará do Instituto e nem salvará teus pais da morte. Eles já estão mortos. Não adianta. Pare. Não adianta...

O Menino mata a Menina. Começa a arrastar o corpo para fora da cena. O palco vai escurecendo até ficar blackout *total. O Menino também sai da cena. Fica apenas o obelisco iluminado girando lentamente. Entram depois de um instante os quatro escudeiros. Holofotes violentos sobre a cena. O Escudeiro número três e o Positivo trazem os corpos da mãe e do pai do Menino. Todos começam a desamarrar os outros corpos e começam a amarrar os novos corpos no postes. Serviços rapidíssimos.*

Escudeiro 2 (*referindo-se ao corpo do Pai*): Ele parecia um bom homem.

Escudeiro 1 (*referindo-se ao corpo da Mãe*): E ela parecia uma excelente mulher. Meio distraída mas agradável.

Escudeiro 3: Eu vi logo que o menino era mal orientado.

Escudeiro 2: O Escudeiro-Mor sempre diz: "Se eu não conduzisse à morte esses pais, eles não saberiam o que fazer das próprias vidas".

Escudeiro Positivo: É que o negócio agora é meio complicado. É preciso ter olho e tutano.

Escudeiro 2: É meio difícil ter olho e tutano.

Escudeiro Positivo: É, mas os homens se acostumam.

Escudeiro 1: Você está certo. No Velho Sistema era tudo na base da burrice e da safadeza. E não se acostumaram? Demorou anos para acontecer tudo isso que está acontecendo agora.

Escudeiro 3: E como o Escudeiro-Mor sempre diz: A coletividade é que importa. Um homem isolado (*faz com a boca um ruído de desprezo*) é como um elétron. E daí, ele cita a frase de um que foi grande: "Um elétron isolado é qualquer coisa de inapreensível. Uma brisa, um sopro".

Escudeiro 2: E como é mesmo um elétron?

Escudeiro 3: Ora, velho, a gente nunca vê um elétron, a gente só vê a trajetória dele. Bem, vamos acabar com isso, rápido.

Terminam de amarrar os corpos.

Escudeiro 2: Está tudo pronto?

Escudeiro Positivo: Agora vamos procurar o menino. (*começa a pensar. Rápido. Saem. Os holofotes se apagam, ficando apenas o obelisco iluminando discretamente os corpos. Em seguida, blackout total novamente*)

Voz na praça contígua (*monocórdica. Alto-falante*): "Escudeiros, lembrem-se do exercício número 2. Lembrem-se do exercício número 2: um *homem sai de sua casa, percorre quatro quadras para leste, três quadras para norte, três quadras para leste, seis quadras para o sul, três quadras para o oeste, duas quadras para o sul, oito quadras para o oeste, seis quadras para o norte, duas quadras para leste. A que distância e em que direção está ele de sua casa? Exercício número 2. Resolvam o exercício número 2.*

Voz de um Escudeiro: Achei. Achei o corpo de uma menina morta.

Voz do alto-falante: Nenhum castigo corporal para a nota mais alta de física. (*duas vezes*) Nunca inutilizem uma nota mais alta de física. (*duas vezes*) Entreguem a nota mais alta de física ao escudeiro na praça número um. (*duas vezes*)

Luzes violentas. O Menino está no centro do palco. Num plano muito alto, está o Escudeiro-Mor, e num plano mais baixo estão os dois físicos. O Escudeiro-Mor está sentado numa grande cadeira de linhas sóbrias, em cujo braço está uma caixa preta com a tampa levantada.

Escudeiro-Mor (*para o Menino*): Minha filha disse que o amava?

Menino: Não. Ela disse que não sabia o que era o amor.

Escudeiro-Mor: Eis a minha filha.

Menino: ...mas que sabia o que era repulsão e atração.

Escudeiro-Mor: Eis a minha filha.

Menino: ...e que se sentia atraída por mim porque eu sou a nota mais alta de física do meu bloco. (*pausa*) Mas era amor.

Escudeiro-Mor: O quê? Você está mentindo. Minha filha nunca poderia ter sentido amor.

Menino: Era amor.

Escudeiro-Mor: Nunca. Minha filha sabia que... (*manipula a caixa preta e em seguida ouve-se uma voz monocórdica*)

Voz masculina adolescente (*monocórdica*): Objetos de igual material que foram eletrizados pelo mesmo processo sempre se repelem. (*duas vezes*)

Escudeiro-Mor: E na nossa analogia política isso quer dizer o quê? Respondam. Não importa, responderão por nós. (*manipula a caixa*)

Voz masculina adolescente (*monocórdica*): Os seres do Novo Sistema que aprendem a física pelo Novo Sistema sempre se repelem, sempre se repelem... humanamente. (*pausa*) É compulsório que se compreendam (*acentua*) "apenas" política e cientificamente. (*duas vezes*) Senhor Escudeiro-Mor: Os seres humanos são impulsionados pelas suas próprias cargas imprevistas. Impulsionados pelas suas próprias cargas humanas imprevistas.

Escudeiro-Mor: O ser do Novo Sistema é uma organização.

Físico 2: E como será possível continuar a descendência dessa organização se não podem atrair-se humanamente?

Escudeiro-Mor: Será preciso lembrar-vos? Há muito que os vossos colegas sabem de que maneira é possível estimular artificialmente sentimentos como o amor. Será preciso lembrar-vos? É necessário apenas... (*manipula a caixa*).

Voz masculina adolescente (*monocórdica*): Colocar um simples eletrodo do tamanho de uma antiga moeda sobre a cabeça. Esse eletrodo será religado a um cérebro eletrônico cuja função é resolver vários problemas, inclusive estimular os chamados afetos. (*duas vezes*)

Escudeiro-Mor: As notas mais altas de física na idade de vinte anos devem dar filhos à nossa Nação. E para isso serão estimulados apenas o tempo necessário.

Físico 1 (*exaltado*): Nem todos podem ser a nota mais alta.

Escudeiro-Mor: Esses jamais procriarão.

Físico 2: Senhor Escudeiro-Mor, em nome da verdade...

Escudeiro-Mor (*interrompe*): A verdade tem sido uma enorme sonolência. A única verdade é a verdade do Novo Sistema: uma imensa matriz racional. A física nos dará, em breve, um cérebro no qual toda a memória científica do mundo estará guardada. Por isso, (*dirige-se aos físicos*) tornem-se daqui por diante necessários, para que vosso destino não seja igual àquele destino (*aponta os postes*) que foi compulsório.

Físico 1: Ainda que meu destino seja aquele, eu quero vos fazer uma pergunta. (*o escudeiro assente*) Por que é que nasceu na vossa mente a prática do Novo Sistema?

Escudeiro-Mor: Eu vou responder. Mas antes também desejo lhes fazer uma pergunta. (*os físicos assentem*) Por que é que nasceu na mente de alguém a teoria da relatividade?

Físico 1: De acordo com o seu descobridor, a teoria da relatividade nasceu da necessidade, de contradições sérias e profundas na velha teoria, para as quais parecia não haver saída.

Escudeiro-Mor: Apenas uma segunda pergunta: em que consiste a força dessa nova teoria?

Físico 2: De acordo com o seu descobridor e com todos os nossos colegas, a força da nova teoria está na consistência e simplicidade com que resolve todas as dificuldades, usando apenas umas poucas suposições muito convincentes.

Escudeiro-Mor: Muito bem, senhores. Eis a minha resposta: a prática do Novo Sistema nasceu da necessidade, de contradições sérias e profundas do Velho Sistema político, para as quais parecia não haver saída. E continuo: a força do Novo Sistema está na consistência e na simplicidade com que resolve todas as dificuldades usando apenas (*aponta os postes*) umas poucas práticas, executadas de maneira muito convincente.

Cena imóvel, blackout *total sobre o Escudeiro--Mor e os físicos. Luz sobre o Menino, o poste e o triângulo. Blackout total sobre os postes que devem ser retirados. Luz cada vez mais intensa sobre o Menino e o obelisco e simultaneamente as exclamações "He! Ha!" começando discretamente e aumentando com a luz. Luz muito clara, excla-*

mações fortíssimas, terminando com um "Ha!" muito enérgico.

Durante as exclamações de "He! Ha!" o Menino lentamente curva-se sobre si mesmo até ficar ajoelhado, curvado e imóvel. As exclamações "Lie! Ha!" terminam com um "Ha!" valente e em seguida todo o elenco, não mais como personagens mas como atores vai surgindo no palco.

TODOS (*dirigindo-se ao público*):
    Nós temos medo, sim.
    Nós temos muito medo.
    Esse nosso tempo de feridas abertas
    Este Velho Sistema em que vivemos
    (*apontando para o público*)
    Tu, esse homem
    Que deseja agora ser o centro de todo o universo,
    (*apontando para o público*)
    Tu, esse homem que usa de si mesmo
    Com infinita torpeza,
    Tu, que estás aí, e que nos viste
    Pensa: o que fizemos não foi advertência?
    Nós temos medo sim.
    Nós temos medo de que o Velho Sistema,
    este em que vivemos,
    Pelas chagas abertas, pela treva

Nos atire
Para um Novo Sistema de igual vileza.
Ah! Nosso tempo de fúria!
Ah! Nosso tempo de treva!
(*abrindo os braços para o público*)
Dá-me a tua mão. Dá-me a tua mão.
(*o elenco de mãos dadas*)
Que os nossos homens se deem as mãos.
Que a poesia, a filosofia e a ciência
Através de uma lúcida alquimia
Nos preparem uma transmutação:
Asa de amor
Asa de esperança
Asa de espanto (*pequena pausa*)
Do conhecimento.

FIM

lepmeditores
www.lpm.com.br
o site que conta tudo

IMPRESSÃO:

PALLOTTI
GRÁFICA

Santa Maria - RS | Fone: (55) 3220.4500
www.graficapallotti.com.br